日光田母沢御用邸を見守った人びと

Tomoe Tsukahara

日光田母沢御用邸の整備にあたり主屋と接続した旧小林年保別邸
（2 階部分、『日光田母沢御用邸写真』大正・昭和期、宮内庁宮内公文書館蔵）

日光田母沢御用邸附属邸の御殿外観
（「日光田母沢本館・別館」パンフレット、昭和 43 年頃より）

日光御旅館御運動之図（村田香谷筆、明治23年、栃木県立博物館蔵）↓本文7ページ参照

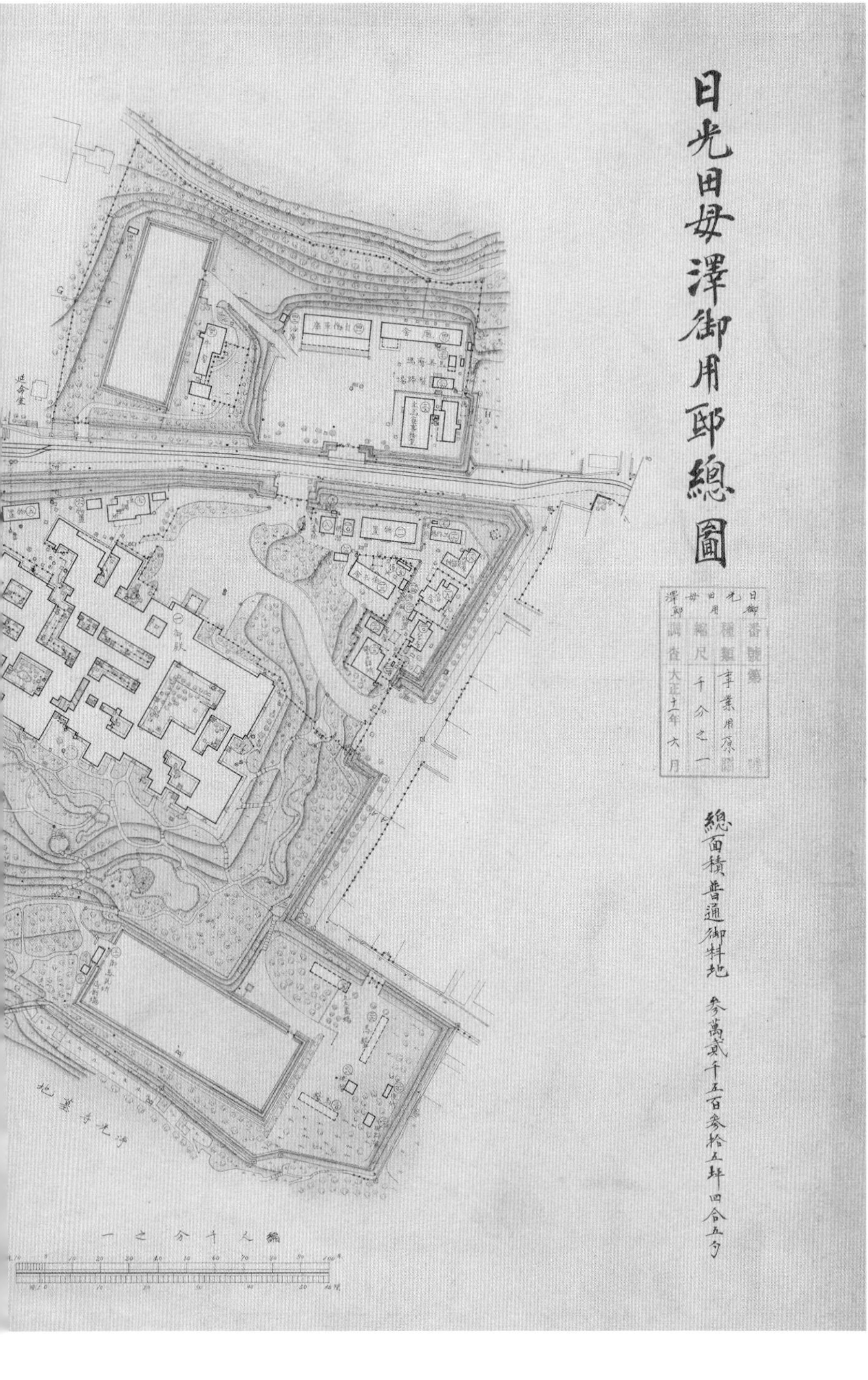

日光田母沢御用邸総図（大正11年、宮内庁宮内公文書館蔵）

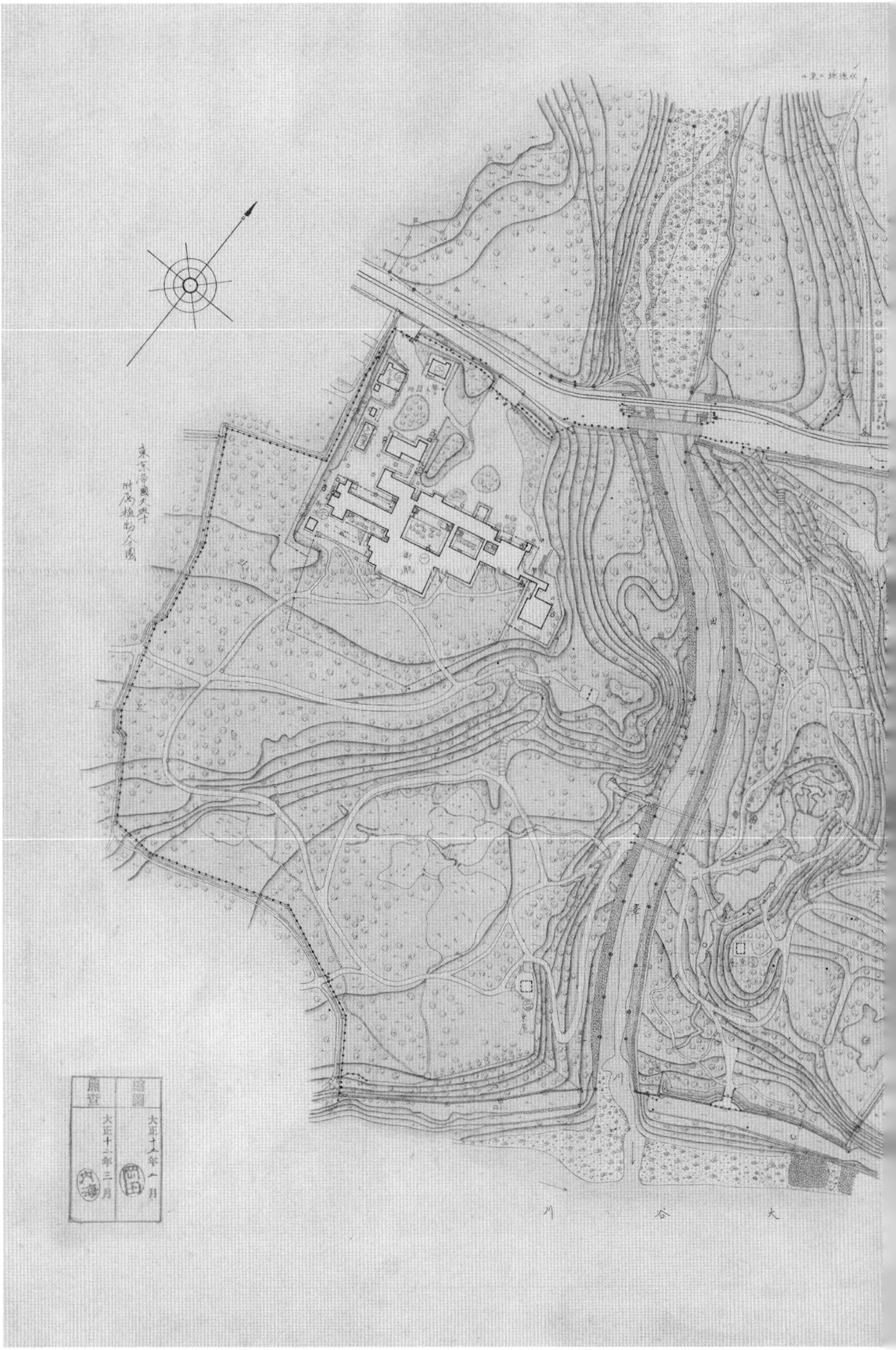
東京帝國大學
附属植物公園
製圖
大正十一年一月
照査
大正十二年三月
大谷川
水源地ヘ至ル

昭和43年頃に作られた「日光田母沢本館・別館」パンフレット（表・裏面）
→本文56・57ページ参照

日光田母沢御用邸内の皇后御学問所前に咲く桜（平成 5 年頃）
→本文 69 ページ参照

田中義人氏（右）と私（日光田母沢御用邸御車寄の前で、平成７年）

日光田母沢御用邸を見守った人びと

Tomoe Tsukahara ——

塚原トモエ

はじめに

天皇と聞けば、私の脳裏に浮かぶのは大正天皇である。日光田母沢御用邸の一部が「日光博物館」であった頃、約二十年間、来る日も来る日も、御用邸内を説明し、大正天皇のお人柄なども来館者にお伝えしていたからである。

大正天皇は幼い頃から病弱であられたためか、庶民的で弱い立場の者に寄り添う、深い心を示された天皇であった。

大正天皇の御製

・われを待つ　民の心は　ともし火の　数かぎりなき　光にもみゆ

・もののふの　いのちにかへし　品なれば　うれしくもまた　悲しかりけり

（日露戦争の戦利品を見た時、戦の勝敗より命を落とした兵士に想いを寄せている）

時代的にも不運であった。主にヨーロッパ各地で君主制が崩壊し共和制に移行した。日本でも着実に社会主義運動が増えた。こうした激動を予兆する重要な時期に病が重くなったことは、不運としか言いようがない。病気に関する根拠のない逸話が、まことしやかに語られたりもしていた。また、常に明治天皇と比較され、側近との軋轢も生まれ、健康状態はますます悪化してくるのである。その渦中にあって、皇后は背後から懸命に天皇を支え続けた。立場上感情をあらわにはできず、その心境を和歌に託していた。

貞明皇后の御歌

・いかにせむ　ああいかにせむ　くるしさの　やるせだきなき　わが思い川

・一筋に　誠をもちて　仕えなば　神もよそには　いかで見まさむ

悲運ではあったが仲睦まじい両陛下の心を癒したのは日光田母沢御用邸であった。二カ月に及ぶご滞在の年もあった。しかし、昭和二十年（一九四五）八月、日本の敗戦が現実になると、この広大な御用邸にも、両陛下の苦難と同じくらい過酷な試練が待ち受けていたのである。

それらをお伝えしたくてペンを執ったのだが、書くことが不得手で困った。稚拙な文章を嗤いながらでも、読んでいただければ幸いである。

日光田母沢御用邸を見守った人びと　目次

日光に御用邸ができた

日光御用邸御車寄（現・輪王寺本坊）

日光と御用邸

日光御用邸（通称「山内御用邸」）が設置されたのは明治二十六年（一八九三）のことである。明治二十三年には鉄道が日光まで延伸され（現・JR日光線）、東京と日光が直結した。この頃、避暑地として日光には大勢の外国人が訪れていた。

軽井沢に最初の外国人であるショー牧師一行が訪れたのは明治十九年（一八八六）であったが、その頃の日光には年間千人以上もの外国人が滞在し賑わっていたのである。前時代の象徴ともいえる東照宮を一目観たいという目的であったろうが、建物の素晴らしさにも増して、自然の美しさにも目を奪われたのであろう。

この頃の日本は、幕末に締結された不平等条約の改正に躍起になっていた時代である。日光は東京からも近い。夏は涼しく自然は豊富、歴史的建造物もある。日本は欧米に決して劣らぬ文化と技術を持った国であることをアピールするのに絶好の地なのである。御用邸の設置は、格式ある避暑地として日光がさらにグレードアップし、中禅寺湖周辺には四〇軒もの外国人別荘が立ち並んだ。

日光御用邸は、江戸時代に東照宮の別当寺であった大楽院の一部を旧御殿地（現在地）に移築し、皇室関係者や政府の高官、貴顕紳士らが滞在する貴賓館として使用していた建物で、朝陽館と呼ばれていた。明治二十三年以降、明治天皇の皇女常宮昌子《つねのみやまさこ》内親王と周宮房子内親王が、毎夏避暑地として朝陽館を使用された。宮内省は明治二十六年これを買い上げ日光御用邸とした。

「日光朝陽館敷地建物及隣地御買上の件裁可書」明治二十六年八月二日付、二万一一四〇円二〇銭で買い上げた裁可書が宮内文書館に残されている。現在は輪王寺本坊として使用されている。

日光御旅館御運動之図（村田香谷筆、明治 23 年、栃木県立博物館蔵）。
日光御用邸の前身とされる朝陽館が描かれている

金谷カッテージイン（金谷ホテルの前身）。居留地以外で日本初の外国人専用宿泊施設
（明治 6 年、金谷ホテル株式会社蔵）

日光物産商会前で路面電車を待つ外国人（明治 43 年、金谷ホテル株式会社蔵）

ヨットレース（日光市立図書館蔵）

明治二十九年（一八九六）には皇太子嘉仁親王（後の大正天皇）も行啓され、この時日光を気に入られたことと体調にも良好であったということで、東宮のための新たな御用邸建設が計画された。

御用邸建設のきっかけと勝海舟

明治三十一年（一八九八）、新たな御用邸建設の地として田母沢が選ばれ、日光田母沢御用邸が東宮の御用邸として建設されることになった。この地は南斜面の吉地であり、良質の水も得られ、周囲の山々も美しく、南側には憾満ガ淵という景勝地もある。

この地には「日光田母沢園」と名付けられた銀行家の小林年保の別荘庭園があった（10・11ページ参照）。その敷地七四二〇坪と民地六〇戸分を併せ、三万二〇〇〇坪を買い取り、御用邸用地とした。

民地の住民は、五〇〇メートル程東方にある僧坊跡に移住することになった。この地は日光の山岳信仰を支えてきた修験者の寺が四十八坊整然と立ち並んでいた。僧坊は宿坊としても使用されていた。しかし、明治政府は社寺領においても境内地を除く領地を没

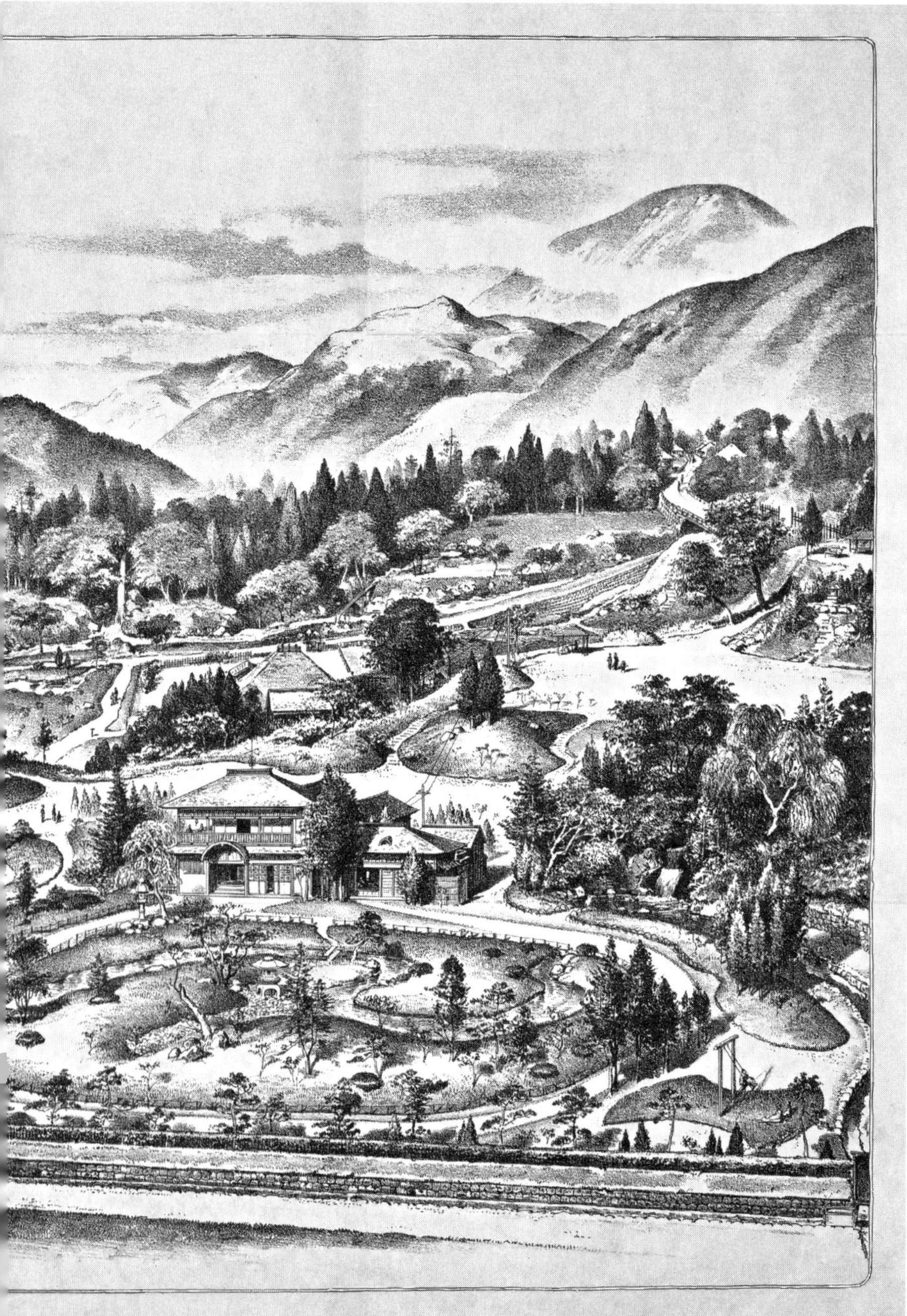

五姓田芳柳（二世）「日光田母澤小林別邸図」（明治26年、栃木県立博物館蔵）御用邸以前の小林年保邸を描いている

11　日光に御用邸ができた

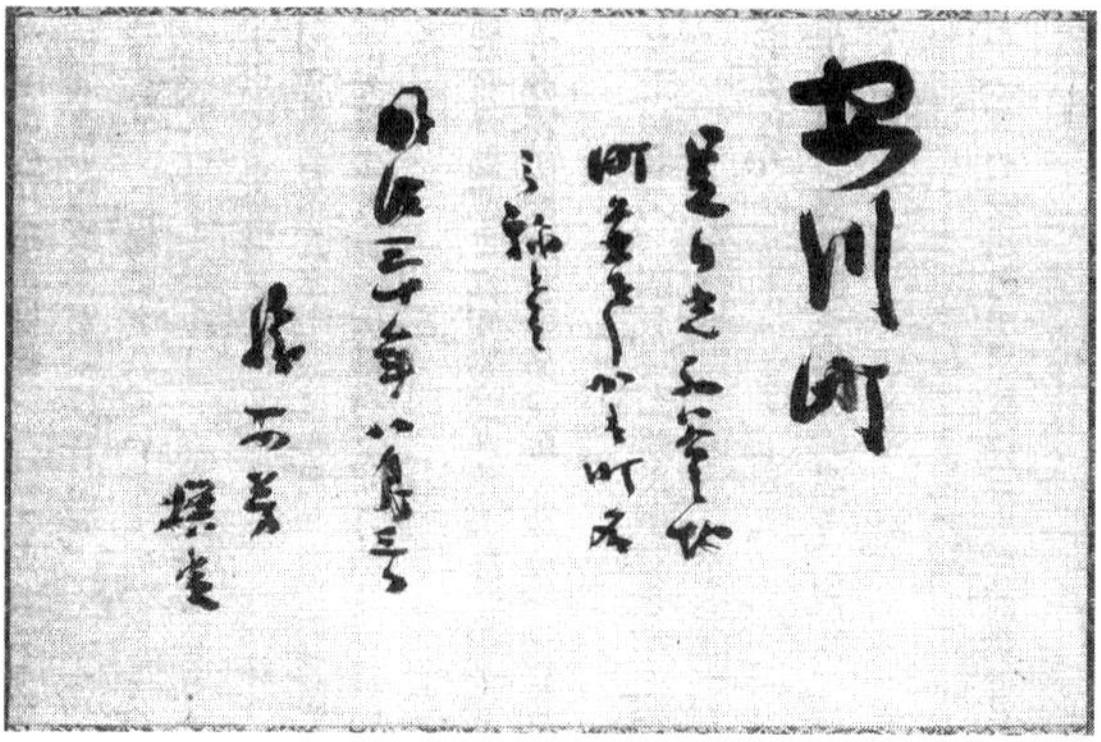

田母沢からの移住地を「安川町」と命名した
勝安芳（海舟）の命名書（『安川町百年史』より）

収する「社寺上知令」を発布した。日光山は幕末でも二万五千石もの広大な領地を所有していたが、境内地を除くほとんどを没収されてしまった。社寺に隣接して活動していた僧坊も取り壊され、修験道そのものも禁止され、修験者たちは路頭に迷うことになったのである。

この僧坊跡に移住するにあたり、「御所有地拝借願」が提出されているが、その宛名が「伯爵勝安芳殿」である。「勝安芳」とは、勝海舟の本名である。勝は幕末から明治にかけて、徳川家の残務処理や財産管理を務めていた関係であろう。これが縁で、この地を「安川町」と命名したのは勝海舟で、勝の名前である安芳の「安」と徳川の「川」をとっての命名であるという。勝の別荘はこの近くにあり、日光とは深い関わりを持っていた。

明治三十一年三月、徳川慶喜と明治天皇との和解が成立した。慶喜の名誉回復と徳川家再興が悲願であった勝は「おれの役目もこれで終わった」とうれし涙を流しながら言ったそうである。それからわずか十カ月後の明治三十二年（一八九九）一月十九日、勝海舟はその波乱の人生を終えた。

小林年保と田母沢

もう一人、徳川慶喜に忠誠を尽くした人物がいる。御用邸建設にあたり、用地及び建物を提供した小林年保（一八四八〜九五）である。小林の家庭は先祖代々、日光奉行所同心という身分であった。幕末から明治にかけての混乱の中、戊辰戦争でさらに緊迫した決断を迫られた日光山を守るべく、まだ二十歳の年保（当時は長次郎と名乗っていた）だが、奉行所同心の一員として奔走した様子は『社家御番所日記』にも記録されている。

明治になると、勝者と敗者の虚々実々の駆け引きの中、小林の優れた才能を惜しんで朝廷に仕えることも勧められたが、小林は徳川家臣として仕える道を選んだ。当時、慶喜を慕って駿府に移住する旧幕臣は多く、年保もその一人として、貧しい暮らしを余儀なくされた。しかし、質素・倹約と持ち前の行動力で、漸次結果を出していった。

明治十二年（一八七九）には静岡第三十五国立銀行頭取・明治二十二年（一八八九）には静岡商工会初代会頭・日本教育会終身会員・静岡市議会議員等々を歴任し、静岡経済界の頂点に登りつめたのである。

その間、年保は浜松の第二十八国立銀行の合併を祝い、浅間神社で大宴会を開いている。祝賀会には県知事はじめ官民合わせて七五〇名を招待。その主賓は徳川慶喜であった。金屏風をめぐらせた中央上座に将軍慶喜の姿を仰いだ小林の胸の内が如何ばかりか想像できる。貧しさを食いしばって突っ走った根底には、先祖代々仕えてきた徳川家が敗者となった悔しさであり、主君慶喜の名誉回復は何としても成し遂げたい意気込みもあったろう。十五代将軍慶喜にふさわしい晴れ舞台を用意し、自らの意志で招待できた栄誉は、想像を超えるものがあったろう。

小林は明治二十八年（一八九五）六月十二日に死去した。それから三年後の明治三十一年に明治天皇と慶喜の和解が成立した。しかも同じ年の明治三十一年、年保の別荘は土地建物とともに、天皇家の御用邸敷地に提供されたのである。あたかも天皇家へのささやかな謝意として、己の別荘を差し出したかの如くである。

なお、長男の小林竹雄から「同園一式献納之事」が出されたものの宮内省は許可せず、土地・建物ともに買い上げとなった（『近代皇室と栃木』）。

年保の別荘は、貞明皇后が御座所や御寝室として長年使われ、現在の上皇陛下はここに疎開された約一年間、主にこの辺りを使われた。このような使われ方をした民家はどこを探しても他にはあるまい。

現在も国指定重要文化財として護られ、多くの見学者の目を愉しませている。

約半年で竣工

日光田母沢御用邸は明治三十二年一月十五日起工、六月三十日竣工という速さで建設された。これは既存の小林家別邸に、紀州徳川家江戸中屋敷の一部を移築したものが中心で、新築部分があまりなかったためであろう。規模も現在の半分程度であった。

さらに、小林の別荘庭園が見事なまでに整備されていたことも工期を短縮できた所以《ゆえん》であろう。また、明治二十六年（一八九三）には近くに水力発電所が建設されており、小林年保邸には既に電灯が灯っていた。こうした利便性にも優れていた。

柿板葺の屋根をした日光田母沢御用邸の御車寄
(『日光田母沢御用邸写真』大正・昭和期、宮内庁宮内公文書館蔵)

戦前、御用邸は全国各地に数多くあったが、そのほとんどが既存の建物を利用したものである。これは、ドイツ人医師エルヴィン・ベルツが病弱な皇太子の侍医になった際、転地療養の必要を提唱したことにより、御用邸が各地に出来たもので、避暑・避寒・温泉・海水浴など必要に応じて、あまり費用を掛けずに設置したのであろう。

その後、皇太子の御成婚や天皇への即位に伴って大規模な増改築がなされ、現在の規模になったのである。

明治天皇の意向と御用邸

皇太子のご成婚を控え、明治三十二年から

十年をかけて建設された東宮御所（現・赤坂迎賓館）を一目見た明治天皇は「贅沢過ぎる」と激怒した。そのため使う者はなく、十五年間放置されていたことはよく知られている。

田母沢御用邸設置にあたり、紀州徳川家江戸中屋敷の一部を移築しているが、これにも明治天皇の信念が覗われる。明治六年（一八七三）五月五日払暁、皇居（旧江戸城西の丸）は女官部屋から出火し焼失してしまった。急遽、明治天皇は前年献上されていた紀州徳川家江戸中屋敷を仮皇居と定められ遷幸された。直ちに宮殿再建の声もあったが、明治初期は国事多難であり、皇居造営は急がぬようにとのご意思で、実に十六年八か月もの長期に亘り、明治帝はこの中屋敷に住まわれたのである。

明治天皇に女官（権掌侍御雇）として仕えた山川三千子はその著書『女官』で、「御製はいつも不用になった鳥の子紙の上奏袋を鋏でお切りになって、裏返しに遊ばし、それに書いておいでになりました」と記している。質素倹約を旨とする天皇家の一面である。

日光を愛した大正天皇

思い出残る田母沢御用邸

日光に田母沢御用邸ができると、大正天皇は日光を殊の外愛好せられ、皇太子として十回、天皇として十三回、ご滞在日数は九八八日に及んだ。

戦後、邸内の主要部分を「日光博物館」として一般公開していた頃、私は邸内を説明する仕事に従事していた。勤務するにあたり、大正天皇に関して無知であったため、図書館に行って学ぼうとした。しかし、大正天皇に関する研究書も評伝も一冊も無いのである。先輩に聞いてもよく分からないと言う。平成十二年（二〇〇〇）、『大正天皇』（原武史著）が出版されると、飛びつくように買い求めた。霧が晴れるようであった。これに触発されてか、最近は漢詩集や評伝など幾分図書館にも並ぶようになった。

大正天皇は生誕時より病弱であられたが、青年期には健康を取り戻し、沖縄県を除く各道府県を巡啓され、病院視察の時など重症患者に言葉をかけ励ましたりもした。庶民的で弱い立場の者に寄り添う深い心を示された。また、日常を漢詩で詠むほど聡明であったことは、遺された千三百六十七首が物語っている。

外国語も堪能であったことは内外に知られていて、『ニューヨーク・タイムズ』は一面全体を使って天皇家を高く評価し紹介している（一九一二年八月四日付）。

子どもたちと過ごした日々

しかし、大正七年（一九一八）頃から急に体調が悪化し、田母沢での御滞在日数も増え大正八年（一九一九）からは二カ月以上のご滞在になっている。

その頃、成人した裕仁皇太子（後の昭和天皇）の外遊が計画された。英仏を中心にイタリア・オランダ・ベルギーを外遊し、大正十年（一九二一）九月三日に帰朝した。翌四日、皇太子は田母沢御用邸でご静養中の両陛下に帰国のご報告に来られた。その時の様子が次のように記録されている。こうした時の御用邸内や市民の様子が目に浮かぶようなので、長文になるが紹介させて頂く。

御用邸では、もう数日前から皇太子をお迎えする準備万端をととのえられていた。天皇がご病気で、何となく沈みがちであった御用邸も久しぶりに明るい色でわきたっていた。

待ちわびられた四日は小雨がそぼふる日であったが、御用邸の内外は皇太子の元気なお姿を早くお迎えしたいという人々で、いつになくにぎやかであった。附属邸に滞在していた澄宮も、兄君のお帰りというので、午後一時頃お庭づたいにおいでになって、ご両親のおそばに寄り添っていられた。御座所の御縁側には女官一同が居並んでいる。おりからご到着をお知らせする煙火がしきりに響き渡っていた。

やがてお元気でお着きになった皇太子は陸軍少佐の軍服で、見違える程ご立派になっていられた。

皇太子はまず両陛下にこまやかにご挨拶をおすましになった。そしてそれが終わるとすぐに、早く相手にしてほしそうにしていられる澄宮（三笠宮）の手をとって、なつかしそうに語りかけられた。皇太子は短かった髪を長くのばし、美しく分けておいでになった。女官たちも皇太子のお髪をまぶしげに眺めていた。それをお気付きになって「この髪を

日光田母沢御用邸での裕仁親王（後の昭和天皇、左端）とその弟宮たち（『明治大正連続写真帳』大正11年、栃木県立博物館蔵）。右端から順に淳宮（後の秩父宮雍仁親王）、高松宮宣仁親王、澄宮（三笠宮崇仁親王）

記念に持って帰ったよ」と一同を笑わせた。

皇太子は土産の品々をご披露になってから皇后のご休所へおいでになってくつろがれた。そこへ弟宮の淳宮（秩父宮）は陸軍士官学校、光宮（高松宮）は海軍士官学校の制服姿で打ち揃ってご到着になった。お二人はまず表御座所で天皇のご機嫌をうかがわれた後、皇后のご休所にお出になった。

皇后は久しぶりに四人の愛児をおそば近くにおかれてうれしげに笑われ、皇太子のお土産話を中心にご団欒なさるのであった。（石川数雄他編『貞明皇后』）

ポール・クローデルが見た大喪の礼

大正天皇は大正十五年（一九二六）十二月二十五日葉山御用邸で崩御された。翌年の二月七日の御大喪には、明治天皇の場合よりやや長い五・六キロメートルの沿道に朝早くから人々が集まり、葬列出発時には一五〇万人を数えた。

常に弱い立場の民に寄り添う天皇に、華美を好まぬ皇后が従い、何よりも四人の皇子の賢く凛々しいお姿は、この国のシンボルとして国民に安心と希望を与えていたろう。

駐日フランス大使ポール・クローデルは任期を終え帰国する直前、天皇の崩御が知らされ、翌年二月七日の大喪の礼にフランス代表特使として列席した。

「日本は偉大な書物である」、「天皇は魂のように存在する」、「天皇は帝国を治めてはいない耳を傾けているのである」等々、クローデルは天皇に拘ってきた。その天皇の行事の中で最も厳粛で神々しい「御大喪」に列席した感動を「ミカドの葬儀」と題して熱く語っている。

すべて見事な秩序をもってとり行われた。世界のいかなる国でもこのように、百万もの人々が参加する宗教的で国を愛する心に満ちた儀式を目にすることはない。新天皇をはじめとして、皇族や最高位の貴顕からもっとも低い臣民にいたるまで、死の前に頭をたれ、旅立つ主君にお辞儀をするために、日本中が動員されているのを、私は眼下にしているのだ。これが私の最後の日本の印象である。これなくしては、私の印象は、それほど、美しくも、荘厳でもなかったであろう。

（『天皇国見聞記』）

ポール・クローデルといえば、個人的に忘れられないことがあった。平成が終わろうとする平成三十一年（二〇一九）四月、フランスとドイツが共同運営する公共放送局であるアルテ（ＡＲＴＥ）がポール・クローデルと日本のかかわりについての特集番組を制作するにあたり、取材に応じることになった。

まず最初に驚いたのは、日本のテレビ局はディレクター主導が普通だが、何故かカメラマンが主導で撮影が進行するのである。「あの雲が消えるまで待ちます」とカメラマンが

ARTE France 制作「ポール・クローデルが愛した日本」の取材に応じる（平成 31 年 4 月 13 日）

言えば、その雲が去るまでひたすら待つのである。他のスタッフも私も寒さで震えていた。四月の中禅寺湖畔はまだ寒いのである。また、良い季節に撮った絶景写真など決して受け取らない。見ようともしない。目の前にある風景をいかに納得するまで撮るかが勝負らしい。なぜかその無口なカメラマンの姿にポール・クローデルが重なってしまった。

クローデルは中禅寺湖畔の別荘を愛し、「ここではパリのことなど忘れてしまう」、「想像できる限りで最も美しい風景である」、等々を書き残している。しかし撮影は四月半ばで、真冬の張詰めた神秘性も薄れ、荒涼とした感じさえあった。クローデルが見た真夏の絶景とは違い過ぎていた。どうなることかと不安にさえなった。

だが、放映された映像を見て驚いた。暗雲垂れこめた空に、光のような、ほのあかりのような複雑な陰影が映し出され、吸い込まれるようなのである。あたかも、クローデルの心の深淵をファインダーを通して捕えたかのようであった。非常に評判がよく、視聴率も高かったというメールも受信した。

ご滞在中のエピソード

大正天皇は日光をことのほか愛され、二十二歳から四十七歳で崩御される前年まで、ほぼ毎夏田母沢で静養された。日光市民にとっては、最も親しい天皇であり、さまざまなエピソードが残されている。そのいくつかをご紹介しよう。

・明治四十二年（一九〇九）八月三十一日、後に大正天皇となる皇太子の三十回目の誕生日を、全市民を挙げて祝った。鳴虫山には「奉賀」の火文字が浮かび、提灯行列が町内を練り歩いた。

・明治四十三年（一九一〇）八月十五日には連日の暴風雨で、堤防が決壊寸前になった。御用邸に滞在中の皇太子は、雨の中現場に出かけられ作業中の消防隊を激励した。感激した隊員たちが奮い立ち水害は食い止められた。皇太子は消防隊に金一封を贈られた。その下賜金で鳴虫山に約六万本の杉などが植えられた。

・現在も古河電工では和楽踊りが行われているが、大正二年（一九一三）九月六日に天皇が行幸、七日には皇后が行啓したのを記念したものである。

・大正十二年（一九二三）九月一日、関東大震災がおこった。両陛下は田母沢にご滞在中で、電話が不通になった。かねて御用邸警備の近衛部隊は、こうした危急の場合に備えて、伝書鳩を携行飼育していた。その鳩の足に両陛下の安泰を記した通信文が託された。このかわいい使者は、御用邸の上空をぐるりとまわって東京方面に飛んでいった。

九月三日上空に陸軍機が飛来し、機上から通信筒が落とされた。摂政宮の安泰を報告したものであった。こちらでも、両陛下の安泰を知らせねばならない。庭に大きな日の丸の旗を持ち出して、何度も左右に振った。機上の人も了解したらしく飛び去った。この年陛下は九十六日滞在され、十月十五日還御された。

・日常の陛下は、憾満ガ淵や寂光の滝、山内方面などに散歩に出かけられる。その際付近の住民には「大きな音をたてるな」「洗濯物は干すな」「窓や路地から覗くな」「子供を泣かすな」と巡査が触れ回った。陛下は誰も居ない静かな町を歩かれたのであろう。

皇太子の日光疎開

皇太子、日光へ疎開

上皇陛下は皇太子であった昭和十九年（一九四四）五月から静岡県の沼津御用邸に疎開されていた。この時期、戦況は悪化しつつあり、同年七月八日にはサイパンが陥落した。

サイパン島は日本にとって絶対国防圏であり、ここがアメリカ軍に占領されると、日本本土への本格的空爆と本土上陸への不安が現実のものになるのである。

沼津から急遽、より安全な日光へ、翌日出発し、翌々日の七月十日には日光田母沢御用邸に移られた。義宮（常陸宮）は日光御用邸、約四〇人のご学友は金谷ホテルに入った。

この地は大きな川の合流地点であり、険しい山に囲まれ、古より要害の地として重要視されてきた。近代戦においても、飛行機の低空飛行は難しく要害の地に変わりはないの

昭和19年、皇太子の誕生日（12月23日）を祝って、日光儀仗隊員たちが相撲や騎馬戦をし、殿下やご学友にお見せしている（近衛歩兵六会提供）

である。

皇太子は本邸の皇后御座所あたりを使用された。本来、本邸は天皇と皇后が使う建物だが、戦時下という非常時での特別使用であった。皇太子が本来使うべき附属邸は内親王方がご使用になった。

皇太子は朝六時半に起床すると、ご日拝をされた。二階の「御日拝所」には、白絹の幕を下げた一角があって、そこに宮中三殿の写真と両陛下の写真が掛けられていた。その幕をご自分で開けて拝礼をされた。ご日拝がすむと、内舎人と剣道や乗馬もした。

昭和二十年（一九四五）に入ると戦況はますます悪化し、五月二十五日の空襲では皇居も赤坂東宮仮御所も灰燼に帰した。日光上空にもB－29が飛ぶようになり、群馬県新田郡太田町（現・太田市）の中島飛行場が爆撃される炸裂音が遠雷のように聞こえてくる。東京で撃墜したB－29の乗員が日光地方の地図を所有しており、近くにある古河電工（軍需工場としても使用されていた）に爆撃目標の印が付いていたという知らせが入った。田母沢の地にも危険が迫ってきたのである。七月十二日には宇都宮市が空襲を受けた。もはや猶予はなかった。

湯元へ

三度目の、そしておそらくそれより奥はない疎開地を探さねばならない。軍から高杉善治中佐、日光儀仗隊《ぎじょうたい》（皇太子の護衛を任務とした部隊）司令官の田中義人少佐、学習院から山梨勝之進院長・児玉幸多教授・山田康彦傅育官らが候補地を探した。その結果、田中義人少佐の遠縁にあたる奥日光湯元の南間ホテルが選ばれ、主人の南間栄もこの申し出を快く引き受けた。皇族が民間の旅館やホテルに滞在する慣例はなかったが、拘っている余裕はなかった。
七月二十一日、皇太子は湯元南間ホテルに再疎開されたが、儀仗隊の大半は田母沢に残り、無人になった御用邸を警固していた。諜報上の理由で皇太子の移動は隠密裏になされたのである。
皇太子の湯元での暮らしは食糧難との戦いで、学友と一緒に魚釣りや野草摘みに励んだ。仙門池で水ゼリ、スキー場でオオバコ・ワラビ・アザミの根、戦場ヶ原でコケモモの実・ヤブカンゾウ・クマザサの中のイナゴ等々が記録されている。（高杉善治『天皇明仁の昭和史』）
戦局は急速に傾き、沖縄は占領され、本土の主要都市は焼き尽くされていた。本土上陸は目前に迫ってきた。奥日光でも、空爆と地上戦に対応すべくさまざまな対応が執られた。

・男体山頂に防空監視所が設置され、地元の警防団も協力する。
・周囲の山に高射砲を設置する。

・中禅寺湖から金精峠に到る一本道は、湯元の南北両側で閉鎖され、警察官が警戒に当たった。
・一般人の湯元立ち入りは許されず、地元の人も旅館ごとに赤・紫・黄などの布を胸に縫い付けるか、名札を下げることを求められた。
・手紙の検閲も行った。皇太子の滞在を気軽に書いた者は、呼び出され厳しい叱責をうけた。
・一本道の奥日光は防御しやすい地形のため、いろは坂、戦場ヶ原入り口、竜頭滝の坂道、湯滝の上などにダイナマイトを仕掛ける。

緊迫する状況

八月六日に広島、九日に長崎へ原子爆弾が投下された。田中義人少佐はサンフランシスコからの短波放送をキャッチした。日本がポツダム宣言を受諾する意志があると連合国軍側に申し入れたと報じていた。これには新たな危険が迫りくることを少佐は直感した。

近代日本は、外国との戦いに負けた経験がなかった。御前会議も混乱し結論が出ない。

天皇の聖断に委ねられ、ポツダム宣言を受諾し無条件降伏が決定した。しかし混乱は続いた。一部の陸軍将校と近衛師団参謀が中心となって、八月十五日放送の終戦詔勅（玉音放送）を録音したレコード盤を奪取し、近衛師団を使って皇居を占拠、戦争の継続クーデターを計画したのである。

しかし、近衛師団長森赳《もりたけし》中将は「進むも引くも天皇の命令に従うのが近衛師団の本分である」と動こうとしない。反乱将校達は森近衛師団長を射殺してしまう。殺害しただけでなく、偽の師団長命令を発して近衛師団を出動させた。だが、東部軍管区司令官田中静壱大将はこれを「偽造命令」と見抜き、田中大将自ら皇居に乗り込み、反乱軍を鎮圧した。反乱将校たちはレコード盤の奪取にも、放送局占拠にも失敗し、十五日早朝、主謀者三名（畑中健二少佐・椎崎二郎中佐・古賀秀正少佐）は自害した。

同じ十五日朝、徹底抗戦を主張し続けてきた阿南惟幾《あなみこれちか》陸相は「一死大罪を謝し奉る」という言葉を残し自決した。陸相の壮絶な割腹自決は、陸軍四百八十万人のはやる気持ちを抑え込んだであろう。（半藤一利『日本のいちばん長い日』）

終戦と軍の不穏な動き

八月十五日正午、玉音放送は無事に放送され、皇太子は他の生徒とは別室で玉音放送を聞かれた。傳育官・東宮大夫・侍従六名が侍立し、殿下は正座して聞かれた。殿下は急に目を閉じ、頭を深く垂れ、握りしめられた両手はかすかに震え、目には涙があふれていた。（高杉善治『天皇明仁の昭和史』）

終戦は決定したものの、無条件降伏を承服できないでいる抗戦派の動きも出てくる。「終戦を望む陛下にはご退位願って、皇太子を擁してもう一戦するのだ」という抗戦派の叫びは次第に広がっていった。十七日午後、湯元に血気にはやる参謀中佐が二人、田中義人少佐の前に現れた。厚木基地司令の小園大佐が撒いたビラに触発され、各地に触れ回っていた東京湾兵団参謀中島憲一郎中佐である。「ポツダム宣言を受諾された天皇陛下にはご退位願って、皇太子を擁して本土決戦をするのだ。儀仗隊は協力してくれ」と威圧的に迫る。田中少佐は「自分は近衛師団の直轄でありますから、近衛師団の命令がない限り、その命令に従うわけにはいきません」と命令に逆に抗議した。参謀は威嚇して命令を押しつけようとしたが、田中少佐は頑として応じなかった。中島中佐らは致し方なく引き返した。

「何が起こるか分からない」宇都宮第八十一師団の動きも怪しい。埼玉県児玉基地、神奈川県厚木基地、茨城県古河駐屯の連隊、水戸教導航空通信師団、筑波山麓大隊等々、大挙して武力で皇太子を奪いに来ることも想定しなければならない。

敵軍との決戦のために配備した高射砲やダイナマイトが、友軍相撃に使われることになるなど予想すら出来ぬ事態であった。さらに追い込まれた場合は、湯滝の上部を爆破して、湯ノ湖の水を一気に流し戦場ヶ原を水浸しにしようという計画も練った。

また、皇太子を連れて別の地に移らねばならなくなった場合、皇太子の身代わりを残しておかねばならない。こうしたことも話し合われた。学習院の教官たちによって、内々に身代わりになる少年が選ばれた。皇太子に似た顔立ちというのではなく、自分に与えられた使命をしっかりわきまえた行動がとれる賢い少年が選ばれた。しかし、幸いにもこうしたことは起こらなかった。

八月三十日、連合国総司令官のマッカーサーによる進駐に伴い、日本軍は解体されることになった。血気にはやる将兵たちにとっても、自分たちの行動はもはや軽挙でしかない

旧南間ホテル別館（栃木県提供）。現在、益子町所有の「ましこ悠和館」として利活用されている

ことを自覚させられたであろうし、心の内に残っていた諦めきれない何かも断ち切らねばならなかった。

九月に入った奥日光は、日増しに秋の気配が濃厚になった。日光儀仗隊員の多くは、新たに結成された禁衛府に所属し、皇太子殿下のご守衛の任にあたった。皇太子殿下は赤坂の東宮仮御所が焼失し、帰るお住まいがなかったため、しばらく南間ホテルにご滞在になっていたが、雪が降り始めた昭和二十年十一月七日、ご帰京になられた。

田中義人少佐　密命を受けて

急遽、日光へ

皇太子殿下の疎開に関連して、重大な密命を受けた人物がいた。日光儀仗隊司令官田中義人少佐である。

昭和二十年五月二十五日、東京都心部はB―29の大編隊による空襲に見舞われた。強風に煽られ、皇居も焼け落ちてしまった。この時、近衛第一連隊第一連隊長田中義人少佐は靖国神社の防衛の任にあたっていた。翌二十六日、師団長の森赳中将に呼ばれて、日光田母沢御用邸の儀仗隊司令官の任にあたることを命ぜられた。それまでの日光儀仗隊を戦時編成にするだけでなく、次のような密命を帯びたものだった。

・田母沢御用邸が危険な場合は、宮内省と密接な連絡をとり、安全な場所を求めて、直ちに独自の判断で行動せよ。
・戦力がなくなった場合でも生き抜き、皇統保持のため殿下をご守護するのも、その任務である。
・私服をもっていけ。家族も同伴せよ。
・いざとなったら新潟へ行け。

日光に到着した当時の田中義人少佐（左）
（「生きて殿下をお守りせよの特命を受けて」より）

軍部にとって、この戦争に負けた場合の最大の問題は天皇を中心とした国体が護持されるか否かである。戦勝国は天皇を戦犯として裁くことを要求していた。その矛先が皇太子には向けられないという確証はない。

こうした危機が迫ろうとした時

「皇太子を連れ、親子連れを装って、どこまでも逃げぬき、自分の子供として育て上げ、皇統を守れ」というものである。田中少佐にとってあまりにも重大な密命だが、近衛師団長森赳中将にとっては最も信頼できる部下であった。

六月初旬、田中少佐は日光儀仗隊司令官として、日光田母沢御用邸に入った。それまで近衛師団の歩兵一個小隊が交代勤務していたが、戦時編成の歩兵一個中隊とし、さらに機関銃一個小隊、工兵一個中隊、通信一個小隊を加えて田中少佐の隷下に置いた。

隠密裡の行動

その後の行動は早かった。まず「いざとなったら新潟へ行け」の示唆に従って、当番兵を新潟県出身者から二名を選んだ。この年三月結婚したばかりの新妻に「私服を持って来るように」と呼び寄せた。日光儀仗隊の通常任務の指揮は大矢中隊長に一任して、自らは師団長の特命を実行すべく隠密裡に行動を起こした。隠密裡とは言っても、宮内省関係者とは密接な協議を重ねての行動である。

当時、長野県松代に地下壕が建設されており、大本営を移す計画もあり、この松代も候補地ではあったが、軍関連施設は逆に危険である。新潟方面に何軒か匿ってくれる家を確保しておかねばならない。また、侍者を幾人も連れての逃避行も怪しまれる。最終的には妻と三人、家族連れを装って、皇太子は自分が背負ってでも逃げ抜き、市井に紛れてお育てする。そう覚悟を決めていた。

湯元南間ホテルに移ってからは「米軍は皇太子を人質にすべく奪いに来る」といった流言が聞こえてきたりする。田中少佐は軍服より背広を着ることが多くなった。傅育官と同じように、遠足にも教室にも付いていった。夫人も同じ板屋旅館に起居していた。田中少佐のそうした行動に儀仗隊員たちは「この非常時に何たる司令官」「師団長のお気に入りにはかなわねえや」などと声高に言い合うようになっていた。

何時、突然、危険が襲い掛かるかもしれない。皇太子の傍を離れるわけにはいかないのである。周囲の目がどうであろうと「裏切り者は足元にもいる」直属の部下にさえも訳を話すことなどできない重大な密命なのである。

それよりも、何も知らされていないわずか十一歳の皇太子を待っているのはどのような運命なのだろうか、それを思うと少佐の心は鉛のように重かった。

孤独な戦い

八月十五日、戦争は終結したが「皇太子を擁してもう一戦」を叫ぶ抗戦派の動きに、神経を尖らせる田中少佐であった。現に東京湾兵団参謀中島憲一郎中佐らが「皇太子を擁しての一戦に協力せよ」と迫ってきている。もし、武力で皇太子が奪われた場合、父天皇に弓を引く賊軍の総帥に変貌することになるのである。祖父が男爵、父は陸軍中将という家に生まれた田中少佐にとって、それは想像を絶する恐るべき事態なのである。

威圧的な態度で迫る中島中佐に、護身用の小型ピストルの重みを確かめながら、「皇太子を擁して一戦をして勝てる見込みなどあるのか。負けたら、皇太子は天皇に弓を引いた逆賊の長になる。天皇になることなど出来なくなるのだ。そこまで考えてくれたのか」そう問いただした時、中島中佐の日が狼狽えるのを感じた。と後に私に語って下さった。この時の田中少佐の対応如何で、日本の歴史は多少違った方向に動いたかも知れないのだ。

皇太子とのお別れ

八月三十日、マッカーサーの進駐に伴い軍は解体され、日光儀仗隊も解散という日の朝、皇太子殿下との最後のお別れの閲兵を受けるため、湯の湖畔の広場に儀仗隊員全員が整列した。田中少佐の「捧げ銃」の号令とともに、ラッパが「君が代」を吹奏。皇太子殿下は挙手の礼でこれにお応えになった。田中少佐の目から、そして儀仗隊員の目から涙がこぼれ落ちた。皇太子殿下が挙手の礼を終えられても、田中少佐は「立て銃」の号令がなかなか声とならなかった。

皇太子殿下の姿がホテルに消えた時、田中少佐の受けた密命も消えた。

耐え忍んだ数十年

天皇制は象徴天皇として存続し、皇太子も新しい時代の教育を受けることになった。田中氏も三菱商事に就職し、サラリーマン生活に入るが、田中氏には耐え忍ばねばならぬ数十年が待ち受けていた。

戦後、言論と出版の自由が保障され、終戦前後の混乱についても、さまざまな角度から書かれたものが多数出版された。それらの出版物の中の田中氏は「不埒な司令官」といった表現がほとんどである。たとえば、加瀬英明『天皇家の戦い』には「いざ、アメリカ軍が迫ったら、学友はそのままにして、自動車隊を組んで皇太子を乗せて、逃げ回らなければならなかった。八月には皇太子用の改造戦車も到着するはずだった。といっても、近衛の儀仗隊は、かなりのんびりしていた。近衛であるから、酒も、食料も十分すぎるほどあったし、司令官の若い少佐は新婚で、美しい新妻を連れて来て、付近の旅館に住んでいた」と述べられている。

「近衛であるから、酒や食料など十分すぎるほどあった」などあり得ない事実で、皇太子自ら魚を釣ったり、野草摘みをしたりしたほど食糧難であったのだ。戦後、軍人は悪の象徴とされ、このようなオーバーな表現が当たり前だったのであろう。田中氏の日常については、儀仗隊員からの取材であろうが、こう書かれても致し方なかったのである。

なぜ、赫々然々と釈明をしなかったのだろうか。このあたりが、われわれと軍人の違いである。田中氏には特殊な密命があり、勝手に口は開けない。直接命令を下した近衛師団長森赳中将は、八月十四日に起きた反乱軍によって射殺されてしまっている。密命であるが故に他に知る者はいない。ひたすら耐えるしか方法はないのである。

しかし、昭和五十年（一九七五）天皇からのお呼びがあって、「田中さんもう本当の事を話してもよいのではないでしょうか」というお言葉を頂いた。天皇にとっても耐え難い報道の数々であったろう。昭和五十一年『文藝春秋』八月号・九月号に「皇太子を奪取せよ」のタイトルで上前淳一郎氏がその詳細を発表した。当時、田中氏は五十九歳。定年直前まで耐え忍んだのである。

平成七年（一九九五）頃、私は田中氏と親交を持つ機会に恵まれた。「三十年もの間、お辛かったでしょうね」とお尋ねした私に「いや、負け戦をしてしまったのですから、何を言われても、何を書かれても、致し方ないのです」とおっしゃられた。

田中氏に限らず、戦後、軍人は一言の弁明も許されなかった。だが、負け戦をしてしまった悔しさをバネに、この国の復興に何を言われようともひたすら耐え、汗を流した「もののふ」が大勢いたに違いない。

涙なくして語れない皇室財産

天皇制は守られた。だが、国際世論は天皇に厳しかった。これに対応すべく、皇室への締め付けは仮借のない厳しさで執行された。

昭和二十年（一九四五）九月には財閥解体の方針を明らかにし、財閥と皇室との間に差別を設けないという方針のもとに、皇室も一般と同じ財産税法の対象とすることを指令した。

皇室財産のゆくえ

皇室財産の総額は「三七億四七一二万五八三五円」と認定され、昭和二十二年（一九四七）三月末日までに、その九〇％の「三三億四二六八万一二九〇円」が財産税として国庫に納入された。

なぜ、天皇家がこのような大富豪になったのだろうか。天皇の意志で増やしたのではない。明治九年（一八七六）に木戸孝允、明治十三年（一八八〇）に岩倉具視が建白書を出し、天皇制確立のため国有財産を皇室用に組み込んでいったからである。

国有財産は「行政財産」と「普通財産」とに分けられる。表1の「皇室用財産とされたもの」は国の財産として保護され、予算も計上される行政財産である。しかし、「普通の国有財産となったもの」は税金の物納などで、処分を目的とした財産である。国にとっては、一日も早く売却してお金に変えなくてはならない財産なのである。これにどれ程の価値があろうとも、国は一円たりとも予算を計上出来ないのである。

日光田母沢御用邸本邸・附属邸・日光御用邸、いずれもこの処分を目的とした普通財産に組み入れられてしまった。こうした扱いを受けた広大なお屋敷である田母沢御用邸本邸が完全な形で現存することは奇跡に近い。日光御用邸は紆余曲折はあったが、昭和三十五年（一九六〇）二社一寺（東照宮・輪王寺・二荒山神社）が当時の大蔵省より払い下げを受け、昭和三十七年（一九六二）から輪王寺が本坊として使用している。

普通の国有財産となったもの
高輪御料地
常盤松第二御料地
四谷第二御料地
落合御料地
高田第一～第五御料地
新宿御苑
紀尾井町第三御料地
三番町第一～第三御料地
喜多見第一御料地
各府県神社
日光御用邸及び同水源地
田母沢御用邸及び同附属地
塩原御用邸
伊香保御用邸
新冠御料牧場
京都山科第一～第三御料地
鎌倉第二御料地

皇室用財産とされたもの
皇　居
赤坂離宮
常盤松御用邸
高輪南町御用邸
葉山御用邸
沼津御用邸
那須御用邸
京都御所
大宮御所　仙洞御所
桂離宮
修学院離宮
正倉院
東宮御所
下総御料牧場
新浜鴨場
埼玉鴨場
陵　墓

表1　昭和22年に国有財産に払い下げられた皇室財産

日光田母沢御用邸附属邸の御殿外観
(『日光田母沢御用邸写真』大正・昭和期、宮内庁宮内公文書館蔵)

建物の取り扱い

残念なのは、日光田母沢御用邸の附属邸である。大正五年(一九一六)、澄宮(三笠宮)御殿として建てられ、他の親王や内親王も使える附属邸としても使用された。小規模ながらも、皇室独特の雁行造りで、桂離宮によく似た美しい建物であった。昭和四十年(一九六五)、日光国立公園観光株式会社が国から払い下げを受けるも、同五十三年(一九七八)老朽化を理由に壊されてしまった。

もうひとつ、普通財産に組み入れられた建物の悲劇は、収録総数七千点にも及ぶ日本建築学会編集の『総覧 日本の建築』に掲載されていなかったことである。法律的には致し方ないのだが、その価値などよく検討もされず、処分を目的とする財産になったことに対し、数十年を経過しても再検討などされることはなかった。

平成八年（一九九六）頃、当時の建設省（現・国土交通省）の審議官をされている方が来館された。「こんな凄い建物があったことさえ、今まで知りませんでした」とおっしゃられた。『総覧 日本の建築』に載っていないということは、こうした要職にある方でさえ、知らずにいても不思議ではないのである。

旅館として使われていた附属邸の部屋
（「日光田母沢本館　別館」パンフレットより）

天皇家は千五百万円の現金と一部の貴金属、宝石、美術品を残すのみとなった。

連合国間には天皇制を全廃すべしとの強い意見もあった。天皇制の維持をはかるならば、政治的には無論、経済的にも将来の禍根とならぬよう解体せねばならないというＧＨＱ（連合国最高司令官総司令部）の判断であった。

宮家も三直宮（秩父宮・高松宮・三笠宮）を除く十一宮家が臣籍降下した。雲上人としてさまざまな特権が与えられ安住してきただけに、混乱した社会での独り立ちは辛酸を舐めたであろう。

在職中、香淳皇后にあまりにも似た老婦人が来館された。思わず「皇后さま」とお呼びしてしまった。「皇后さまとは従姉妹です。ここには昭和十七年頃に来たことがあります。ですが、私は戦後苦労しましてね」と上品な笑いをみせた。上品ながら、深い皺と少し荒れた手が、今を語ってくれた。

下げた頭をなかなか上げられなかった。

御用邸は懸命に働いた

戦後、皇室財産の処分を目的で普通財産に組み入れられた日光の三つの御用邸は、建物それ自体が懸命に働いた。そうしなければ、存続することは不可能だったのである。では、戦後における三つの御用邸のあゆみをそれぞれみてみよう。

戦後の沿革①　日光田母沢御用邸本邸

・昭和二十一年十月一日　栃木県が借用
・昭和二十二年十月十五日　一般に公開、両陛下ご使用の間と高官室等二十三室（栃木県観光協会経営）
・昭和二十三年六月　栃木県・日光市・東武鉄道が出資する第三セクター会社「日光国立公園観光株式会社」が設立される

・昭和二十五年四月　一部が「日光国立公園博物館」として整備される
・昭和二十九年四月　日光国立公園観光株式会社が全館を借り受け、奥向きの部屋を「日光博物館」その他の部屋を「日光田母沢本館」（宿泊施設）として経営
・昭和六十一年十一月　老朽化により宿泊施設部分を国に返還され、「日光博物館」のみの経営となる
・平成八年四月　建物および土地の一部を栃木県が管理委託される
・平成八年六月　栃木県が取得、修復に入る
・平成十二年六月　第一期工事完成（保存・公開部分）
・平成十五年十月　第二期工事完成（利活用部分）
・平成十五年十月十七日　国指定重要文化財になる

本邸は戦後の約八年間、県が管理した。附属邸や日光御用邸も当初は県管理であったが、昭和二十三年（一九四八）に第三セクター会社である日光国立公園観光株式会社が業

務を引き継いた。これより六年遅れて本邸も同社の経営となった。謁見室など天皇が直接使用した部屋を「日光博物館」（全体の約1／4）、その他の部分を宿泊施設「日光田母沢本館」とし、昭和二十九年（一九五四）四月より日光国立公園観光株式会社が経営をスタートさせた。

当時のパンフレットを見ると、客室六〇、収容力一般二〇〇人　学生四〇〇人　講堂（一五〇人用）、広間、浴室、テレビ、卓球その他完備となっている。当時の日光の旅館で、学生四〇〇人を収容できる大型のホテル等はまだなく、「田母沢本館」は戦後のベビーブームで、溢れんばかりの修学旅行生を、大手を広げてお迎えしたのである。日光が観光地であったことが、この建物にとって幸運であった。

ただ、館内は迷路のように複雑で、自分の部屋を見失って走り回る子どもたちの足音と叫び声で、常に雑然としていた。当時、生徒を引率して来られた先生方にお逢いすることがある。すると「日光といえば田母沢本館に泊まるのが一番面白かったな！　お化けは出るし」とおっしゃる。お化けが出るという噂は、どの学校にも伝わっていたらしく、自分の部屋を見失ったら、半狂乱になって走り回るのはそのためらしかった。「早く寝ないとお化けが出るぞ」とは、なんと巧い先生方の知恵であろう。いや、本当に出るのかも知れない。

部屋の入り口の鴨居には、生徒名を記入した紙を止めた鋲《びょう》の小さな穴が無数に今も残っていて、引率で来られた先生方はさぞ懐かしいであろう。

宿泊した生徒は、館内の博物館で学び、それから東照宮や中禅寺方面へとバスで移動する。学生の来ない時期には、政治団体や茶道、華道、書道などの各種研修等にも使用されていた。

戦後の沿革② 附属邸

・昭和二十三年四月　田母沢会館として、宿泊、講習等に使用（栃木県観光協会）
・昭和二十三年六月　日光国立公園観光株式会社が業務を引き継ぐ
・昭和二十九年四月　本邸が「日光田母沢本館」となったことで附属邸は「田母沢別館」と改称
・昭和四十年三月　日光国立公園観光株式会社が国から払い下げを受ける

・昭和五十三年　同社によって取り壊され、跡地に「田母沢ホテル」が建設
・平成十八年　田母沢ホテルが取り壊される
・令和二年　ホテル「ふふ 日光」が建設され営業。

戦後の沿革③　日光御用邸

・昭和二十一年十月　栃木県が無償で借り受ける。前年の二十年十月、金谷ホテルなど、外国人の宿泊施設がＧＨＱに摂取された為、軍人以外の外国人が宿泊する施設が必要になった
・昭和二十二年十月　栃木県観光協会が「日光パレスホテル」として外国人向け宿泊施設とした。この建物には洋室もあり、外国人向けには最適であった
・昭和二十三年六月　日光国立公園観光株式会社が業務を引き継ぐ
・昭和二十七年二月　金谷ホテルがＧＨＱによる接収指定が解除されたため、パレスホテルは閉鎖し「日光博物館」として再スタート。展示物およ

昭和 43 年頃に作られた「日光田母沢本館・別館」パンフレット（表紙・裏表紙）

田母沢会館御案内

田母沢本館

電話　日光（0288）4 －1150

国鉄及東武日光駅よりバス10分・田母沢下車直前

旧田母沢御用邸をそのまゝ使用。33,000m^2の名園をもつ建坪4,488m^2の純日本式御殿造りの宏壮優雅な建物。御用邸時代には大正天皇が毎夏御過しになった由緒深いところで、環境・施設ともに修学旅行、研修、講習会等の宿舎として最適。

客室 60.　収容力　一般 200名　学生 400名

講堂（洋式150人用）、広間、浴室、テレビ、卓球その他完備。

▲玄　関

▲客　室

▲講　堂

▲売　店

田母沢別館

電話　日光（0288）4 －1152

バス田母沢下車徒歩 1 分田母沢本館西隣

田母沢御用邸附属邸として三笠宮様が幼時御使用になった純日本式の御殿、本館同様修学旅行、研修、講習会等の宿舎として最適。

客室　24　収容力　一般 100名　学生 200名

講堂、広間、浴室、テレビ、卓球その他完備。

東京　ライト商事(株)

▲客　室

▲全　景

昭和 43 年頃に作られた「日光田母沢本館・別館」パンフレット（部分）

「日光田母沢本館」の看板を掛けた御車寄
(「日光田母沢本館・別館」パンフレットより)

「日光博物館」は別の入口から入館した

見学に訪れた生徒たちは「謁見室」で説明を聞く

見学中の生徒たち

見学展示場には日光の動植物鉱物の標本や模型が展示されていた

び「日光博物館」の看板は二年後、本邸に移る

・昭和三十五年五月　二社一寺（東照宮・輪王寺・二荒山神社）が国から払い下げを受ける

・昭和三十七年　輪王寺本坊となる

余談をひとつ

在職中、来館者のなかに「私は国家公務員でしたが、戦後間もなくここに泊りがけで研修を受けに来たことがありましてね、懐かしいです」とおっしゃる人が幾人かいた。なかには詳しい話を聞かせて下さる方もいらした。その話では、GHQによる日本の官界の改革を目的とした研修で、人事院の職員も同伴で、三カ月間研修を受けたそうである。そして、「最初は何をされるのかと緊張しましたよ。だけど講師のアメリカ人が実に明るくて優しくて、かっこいいんだよ。足は長くて鼻は高くて、そのうちこういう人の言う事を聞いていれば日本もいい国になるような気がしてきたね。だけど今になって思えば、やられた！という気がしていますよ」と言って帰られた。

頂いた名刺から、その方は私立学校の経営者らしい。話の内容に矛盾も無い。栃木県

が公表する日光田母沢御用邸の沿革にＧＨＱの文字はないが、お客様の情報も大切にしたいので、一筆入れさせて頂いた。

台東区にある三菱財閥の旧岩崎邸も、戦後、米国ＣＩＡキャノン機関が拠点にしたことは一般に知られている。戦後日本の闇を知り尽くした建物だが、日光田母沢御用邸は避暑地日光にあり、金谷ホテルもＧＨＱに接収されたが保養目的の接収であった。岩崎邸のように衝撃的話題は乏しいであろうに、伏せる必要があったのだろうか。

外国人に人気

東照宮との比較

在職中、来館者の質問には常に悩まされていた。特に外国人の質問には身構えてしまう。最も多い質問は東照宮との比較である。外国人に限らず、観光客のほとんどは「まずは東照宮」である。外国人の場合、天皇と将軍の区別は曖昧である。まして現在も天皇の英訳は「エンペラー」で、将軍との違いなど分かりにくい。東照宮を見て、「次はエンペラーだからもっと豪華かな」と期待して御用邸に来るのである。スマホなどない時代で、想像とは全く違ったであろう。装飾など何もなく、質素にさえ見える日光田母沢御用邸に入り、ちょっと首をひねるのである。そこで「将軍と天皇とどちらが偉いのですか」という質問になる。

将軍とは一時代の権力者、権力を誇示せねばならない。天皇は血筋での権威者、権威を誇示する必要はない。日本古来の文化をひたすら継承している。日本古来の文化とは、能・茶道・浮世絵・俳句・川柳などに見られるように、余分なものを極力そぎ落とし、その真髄を表現するという、世界的にも特異な文化を日本は醸成してきた。伊勢神宮などは象徴的な建物と言える。日光田母沢御用邸もその線上にあるのだ。といった内容の話をする。すると「そういう文化もあるのか」と感心する人もいたが、「そぎ落とす方の文化を天皇が選んでいるということで解りました。だから日本の天皇は長く続いているのですね」と、このあたりまで理解して頂くと大満足である。

心休まる建物

忘れられない外国人もいる。建築界のノーベル賞と言われるプリツカー賞を受賞された米国人ロバート・ベンチューリ氏が来館された。バブル最盛期で、当時の郵政省の保養所を日光に建設するにあたって設計を依頼されたそうで、幾度か来館して下さった。氏が残して下さった言葉は感動的で忘れることが出来ないので紹介させて頂く。

「私は東照宮も高く評価しています。江戸時代の職人の技術は天才的ですね。それに、建物を創建時のまま、忠実に現存させていることは素晴らしいことなのです。継続的メンテナンスが可能な、安定的国家が続いたことを意味しますから。ですが、私はこの建物のほうが好きなのです。大陸の自然に比べて、日本の自然は実に優しげです。その優しげな自然の中に、この建物は建っているというより生えているようで心が休まるのです」とにこやかにおっしゃった。

ベンチューリ氏の著書には「私にとって日本の風土に育まれた建築との出会いは天からの啓示のようなものだった。その中には忘れかけていた古くからの教えがあった」と書かれている。

ハリウッド・スターのように素敵なベンチューリ氏だったからかもしれないが、忘れられないお客様であった。

御用邸が壊される！

困難な維持管理

日光田母沢御用邸は大蔵省による皇室財産の処分を目的とした普通財産に組み入れられて以降、建物は懸命に働き続けた。しかし、木造建築物であるため、老朽化は避けられない。そして遂に雨漏りが始まった。

厚い銅板葺きで半永久的と見られていたが、宿泊施設として使用した約三〇年間、布団を干す場所が無く、従業員が数人で屋根に上って、屋根いっぱいに布団を干すのである。どれほど厚い銅板でも、これではたまらない。当然、宿泊施設としては使用できない。

昭和六十一年（一九八六）十一月、管理会社（日光国立公園観光株式会社）は全館返還を国に申し入れた。しかし国からは、博物館として使用部分はまだ雨漏りもなく、しっかりしているので、処分が決まるまで、暫定的に博物館の経営を継続してほしいという回答があった。博物館のみの経営は十年程続いた。

この十年の間、閉鎖した部分（全体の約3／4）はますます雨漏りが激しく、掃除などもされず放置状態であった。どこからともなくたくさんの野生動物が侵入し、公開部分の屋根裏もムササビやモモンガが走り回る音がし、排泄物が落ちてきたりもした。平成六年（一九九四）頃になると、公開部分も雨漏りが始まった。特に紀州徳川家中屋敷からの移築部分は古い建物で、屋根が入り組んでいるため、その隙間からでも沁み込んでくるのであろう。大雨が降ってくると、バケツや雑巾を持って走り回らなければならないのである。

それだけではない。国道に面して長い石垣が続いているが、その石垣が崩れそうになったり、邸内の樹木の枝が道路まで伸びてきたりと、地域住民からの苦情が多くなってきた。当時、国の管理会社への貸付料年額は二七一万一四八円。国としては何年か分をまとめて、石垣の修理などはどうにか出来るといった状態で、庭を管理する職人を雇う余裕などないのである。

住民からの苦情があると、関東財務局の若い職員が長靴を履き、鋸を持って木の枝を切りに来るのである。東大卒といった学歴をもつ方々であろう、鋸や長靴が似合っていない。木に登って枝を落とすにしても、手際は悪く、何よりも危険である。

これが、国の普通財産に組み入れられた御用邸の悲劇である。こんなわずかな金額であれ、国から拠出することはできないのである。国も困り果てたであろう。「もし来館者の中に、ここを買いたいとか、借りたいとか言う人がいたら、どんな小さな情報でも結構ですから、名前・電話番号を聞いて財務局に知らせてください」とわれわれ職員にも言うようになった。

満身創痍の御用邸

国にとって日光田母沢御用邸は、物納された普通財産扱いではあるが、皇室の御用邸である。その扱いに苦慮したであろう。

平成は皇室人気が非常に高かった。その上、上皇陛下が疎開された日光田母沢御用邸は、メディアの取材も多くなっていた。関東財務局の係官も頻繁に来て、われわれと共に対策を練った。不審な行動をとる入館者はいないか、不審物が隠されていないか、常に神経を尖らせていた。夜は無人になるので、男性職員が交替で警戒をし、警察も協力して下さった。

こうした緊迫した時期が過ぎた頃、雨漏りなどが目立ちはじめ、平成の約七年間は気の休まる時がなかった。特に将来のメドも立たぬなか、国にとっては大きな荷物を抱えて困惑の連続であったろう。しかし、その対応は真剣で丁寧であった記憶がある。

その頃、来館者のおひとりがこの頃の様子をご自分のエッセイ集に書き留めて下さっていた。図書館で何気なく手に取った本だが、その表現が見事で読んでいてうれしく思ったので、少し長くなるが転載させて頂く。


入りづらいなあ……そもそも入ってはいけないのでは……とりすました日光には、新参者にそう思わせてしまう名所がやたら多い。歴史と伝統の上に超然としていることが、見るものについそんな誤解を抱かせてしまう。

旧日光田母沢御用邸は記念館のようにも見えるから、頼めば見学させてもらえそうだけど……気がひけて……御用邸ゆえの、警護のための外壁が周囲を固めていて……車寄せはこれみよがしだし……でもここは日光博物館の別名もある、公開施設なのだ。

御用邸の雨戸は常に閉められ、庭は荒れ放題だったが、桜は毎年忘れずに咲いてくれた（平成５年頃）

案内人がついてこないことにかこつけて、迷った振りをして、入り組んだ廊下をたどっていって、突き当りの、ここから先、立入禁止の掲示がかかっている……この裏にきっといいものが隠されてあるに違いない、もったいぶって……かまうことはないっ、探索してやれ！　とぞろ反骨精神が頭をもたげてきた。

あかずの扉を押し開くと、蜘蛛の巣のジャングルに埃の雨が降ってきた。ガタピシと襖が鳴る。思わず洞窟にでも踊り込んでいく構えをとっていた。

謁見の間や、ご学問所のある表座敷と同じ位に、ものによってはそれ以上の価値が、ここにはあるかも知れないのに、臭いものにふたをするように封印してきた。世間から顧みられないとなると途端にかまいつけなくなる、まったくもって現金な日本人である。

（松本雪之丞『日光けっこういまいちおセンチ』）

軽妙洒脱な文章だが、鋭く深い眼をされた方が書いて下さったのであろうと思いながら、感謝の気持ちでいっぱいになった。

まさにこの通りの御用邸であった。

岐路に立たされた御用邸

平成七年（一九九五）四月頃、日光市内の建設会社に勤める私の夫が、「日光田母沢御用邸を壊すための費用を見積もらねばならない」と言う。それは正式に壊す決定での見積りではないらしく、全体を壊すか一部を遺すか、二通りの見積もりを出してみようと夫は言っていた。国としては崩壊の心配もあったろうが、どこからでも侵入できるような無防備な管理状態で最も心配なのは火災で、国はぎりぎりの決断を迫られていたであろう。

いよいよ来る時が来たか、という思いの方が大きかった。だが、わが子の首を絞められるような、どうしてもやり切れぬ思いが日々胸を襲った。これまで、ごく普通の家庭の主婦で、行政に何かを訴えるなどの経験は皆無であった。でも「やってみなければ」と何かに押されるような気が強くなって、市長、市文化財保護委員、県議、教育長などを訪ね歩いた。

どなたも同じような答えであった。「お気持ちはよく解りますが、あの建物は旅館などに転用して、改造もしている。それに手に負えないほど朽ちていますね。それから何といっても大きすぎて、どれ程の費用がかかるか、もう無理でしょうね」と言った答えであった。なかには「あの建物を高く評価する人はいませんよ」とも言われた。小さい町なので、ほとんどが顔見知りで「そんなことを考えていないで、早く家に帰って洗濯でもしなさい」といった顔つきであった。半分あきれ顔で、検討してみようという空気は微塵も感じられなかった。

ちょうどこの頃だったように記憶しているが、ある市議会議員が「御用邸を壊し、跡地に市役所の庁舎を建てる」と、選挙公約にして叫んでいた。市民も特におかしな公約とも思わず聞き流していたように思う。日光市民にとっての御用邸はこの程度の価値でしかなかったのである。

これは人の世の諦念かも知れない。たとえＧＨＱの決定であっても、価値のないものとして一度捨てられたものは、価値がないものと決めつけて、考える対象から外してしまうのかもしれない。まして、日光の市民はあの絢爛豪華な東照宮を見慣れている。簡素で質素にさえ見える御用邸を高く評価できない素地もあったろう。

しかし、東照宮とは対照的である点に価値があるのであって、天皇と将軍、権威者と権力者の違いを、建築物から比較できる絶好の学習の場で、観光の面から見ても絶対に壊すべきではないと考えていた。

御用邸の本邸が完全な形で現存しているのは日光田母沢御用邸のみである。本邸でしか見ることの出来ない天皇の私生活の様子、そして「剣璽《けんじ》の間《ま》」の存在も日光田母沢御用邸でしか見ることは出来ない。また、古代から宮中を彩ってきた後宮制（女官制度）も幾多の変遷を経ながら尚侍《しょうじ》・典侍《てんじ》・権典侍《ごんてんじ》・掌侍《しょうじ》・権掌侍・命婦《みょうぶ》・権命婦・女孺《にょじゅ》・権女孺等の職名や御所言葉が大正期まで踏襲されていた。『源氏物語』にある「女御更衣《にょうごこうい》あまたさぶらひ給ひける中に」を彷彿とさせる女官部屋の多さ、この複雑さと面白さを学べるのも日光田母沢御用邸だけなのである。

ちなみに、昭和天皇はこの女官制度を嫌って抜本的な改革をしたが、貞明皇后は昭和二十六年の崩御まで、女官の職名も御所言葉も旧来通り使い続けた。

こうした希少な価値を多々内在させながら、日光田母沢御用邸は逆境にも耐え、さり気ない佇まいを続けてきたのである。

宿泊施設としての御用邸

昭和二十二年（一九四七）十月、県がこの建物を借り受けた時の小冊子『旧日光田母沢御用邸の概略』（栃木県観光協会発行）には、「畏くも栃木県に対して御貸下げになったのであります。県に於いては、御貸下げの御趣旨にもとづき、建物の保存の万全を期すると共に……」といった具合に、驚く程うやうやしく借り受けている。この概略は、厚生省から県に転任していた千家哲麿がまとめたものである。日本文化を否定する占領下にあって、日

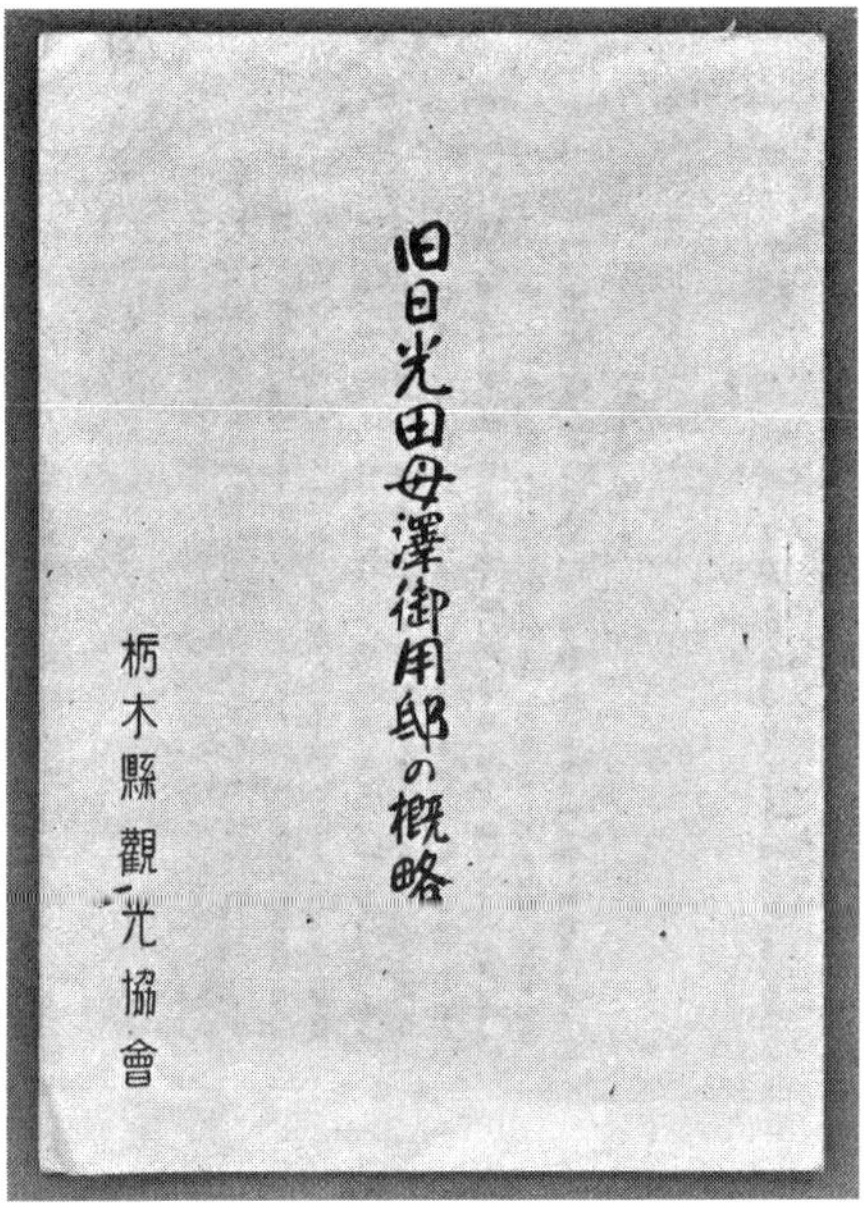

昭和 22 年 10 月、栃木県観光協会が発行した『旧日光田母澤御用邸の概略』（著者蔵）

本の伝統文化を第一に守ろうとした高い文化意識と、将来も見据えての配慮がその全文から読み取れる。それから約四〇年（宿泊施設としては三〇年）、さまざまに使用されたことで価値をゼロにしたのだろうか。

宿泊施設として使用するにあたって、水洗トイレや大きな風呂も必要で、これらを増築したが、国との契約書（関財字管二　契第七九三号）第二十条に、「契約が解除されたときは、貸付物件を原状に回復して甲の指定する期日までに返還しなければならない」という条件が付いている。幸いにも、この建物には十三カ所の中坪（中庭）があり、この空間を利用して増築はしているのである。原状に回復できないような改築はしていないのである。それでもなぜこのように軽視されるようになったのであろうか。

戦後、未曽有の日本社会の変貌のなかで、怒涛のような時代の潮流に抗いきれず、全国的に、歴史ある建造物や広大な木造のお屋敷が次々と消えていった。特に、田母沢邸と同様に財産税として物納された建物はその多くが消滅してしまった。

こうした潮流を掻いくぐって、日光田母沢御用邸がわが国でも屈指の規模を誇る木造住宅として、その威容を今に伝えていることは、「あっぱれ」の一言に尽きるのではないか。

出会い

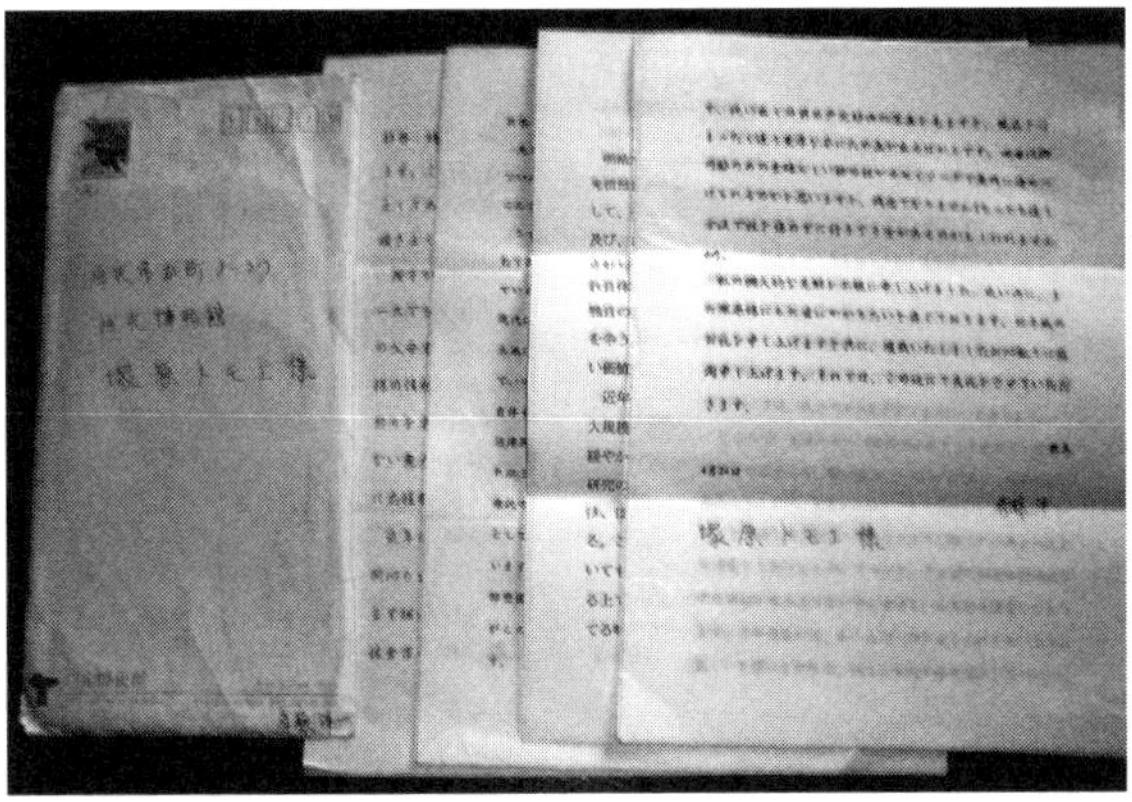

齋藤洋一氏からの手紙

「話すだけではダメです」

平成七年（一九九五）七月頃、松戸市戸定《とじょう》歴史館の学芸員（当時）齋藤洋一氏が見学に来られた。「こんな凄い建物が今も残っていたなんて知らなかったな」と感動していらした。一般の来館者とは違った見方をされるので、建築関係の専門家とすぐに分かった。「壊されるかも知れないのです」と、何となく事情を話すと、非常に怒った顔になり「江戸時代の大型の武家屋敷がほとんどなくなってしまいました。今こうして広大なお屋敷が残っていることは凄いことなんです。もう二度と造れないものは、決して壊してはいけないのです」と語気を荒げてお話になられた。

もうボロボロになっている女官部屋あたりもご案内して、しばらく話を聞かせて頂いた。

「話すだけではダメです。文章にして誰にでも渡しなさい。そこに強く惹かれる何かがあれば、力ある人は力を貸したくなるものです」とおっしゃられた。それから度々、齋藤氏から手紙が届き、その内容が素晴らしかった。その文章を盗みながら、渡す文章を作った。私は文章など下手で、まして訴える文章などまるで自信はなかった。

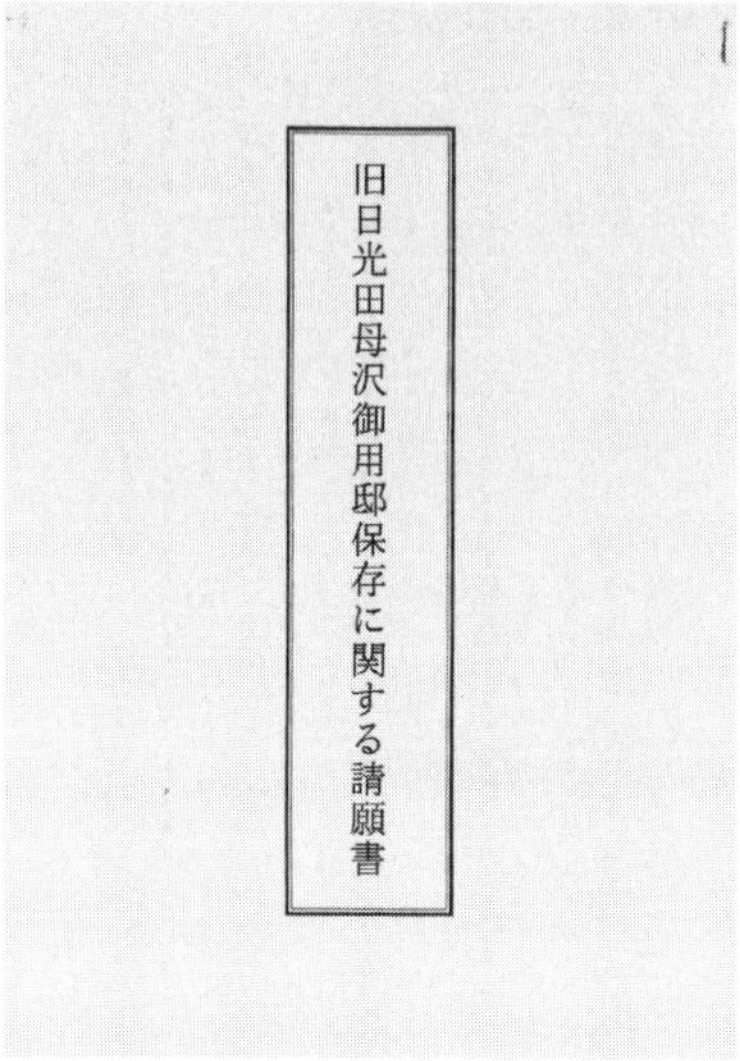
旧日光田母沢御用邸保存に関する請願書

平成7年、齋藤氏の手紙に後押しされ、日光田母沢御用邸保存を訴えた請願書を作成した。→99ページ参照

今思うと、あの時、齋藤氏がグングン私の背中を押して下さったことで、自分は常識外れのことをしている訳ではないという自信もついて、その後は積極的になれたような気がする。齋藤氏との出逢いがなかったら、御用邸はどうなっていただろうと想い起こす度

に、感謝の気持ちでいっぱいになる。

「本当に大事と思い守るもののためには……」

齋藤氏が来館されてから一カ月程後だったろうか、当時、栃木県文化財保護審議会の会長を務めていた前澤輝政氏が奥様と来館された。私とは旧知の間柄ではない。偶然に訪れたお客様である。「栃木県の文化財保護委員です」とおっしゃって、いろいろ聞いてこられた。「こういう方に渡さねば」と思い、恐る恐るお願いの文書をはじめて渡した。前澤氏は非常に熱心な対応を見せて下さった。数日後「副知事のところに行って話してきました」という電話を頂戴した。

前澤氏は足利市在住の方で文学博士。老舗呉服店の長男として生まれたため、二足のわらじを履きながらの時期もあったが、早稲田大学・聖心女子大学・東京医科大学各講師、宇都宮短期大学・いわき明星大学各教授を歴任された方である。『毛野国の研究』『足利学校』『下野の古代史』等々、著書も多い。

また、大学院在学中に栃木県文化財調査委員を委嘱され、戦後の荒廃した文化遺産の

足尾鉱業所を購入して建てられたかつての足利市役所（『絵葉書が映す 下野の明治・大正・昭和〈石井敏夫コレクション〉』より）。しかし保存の要望むなしく取り壊された

調査や保護にとびまわられた。その後のバブル期は、行政との戦いであったそうである。歴史ある建造物の破壊、大型公園やゴルフ場の造成、高速道路の開通、道路の拡幅等々、野山にブルドーザーが入っていく。自然破壊だけではない、そこには縄文の遺跡あり、古墳あり、中世の山城址あり、貝塚もあった。これらが無惨に破壊されていく。前澤氏は県や市に建策書や要望書を提出してその価値を訴え、保存を要望してこられた。地元の人々と共に守り抜いた事例が、前澤氏の著書『栃木の文化財』に詳しく書かれていて、あの時期に破壊された文化財がいかに多かったかを知ることができる。

著書には「ゴルフ愛好者には有識者が多いと聞くが、これら破壊をどう思っているのか、問うてみたい」と怒りを込めて書いていられる。また、「所詮人間の歴史は開発の歴史であり、古いものが順次消される定めであれば、後世に遺すべしとする歴史（文化）遺産を保護することは容易ではなく、本当に大事と思い守るもののためには、破壊するものと戦うこともやむを得ない」とも書かれている。そのために、時には疎まれ、そして愚直なまでに発言し行動してこられた先生である。

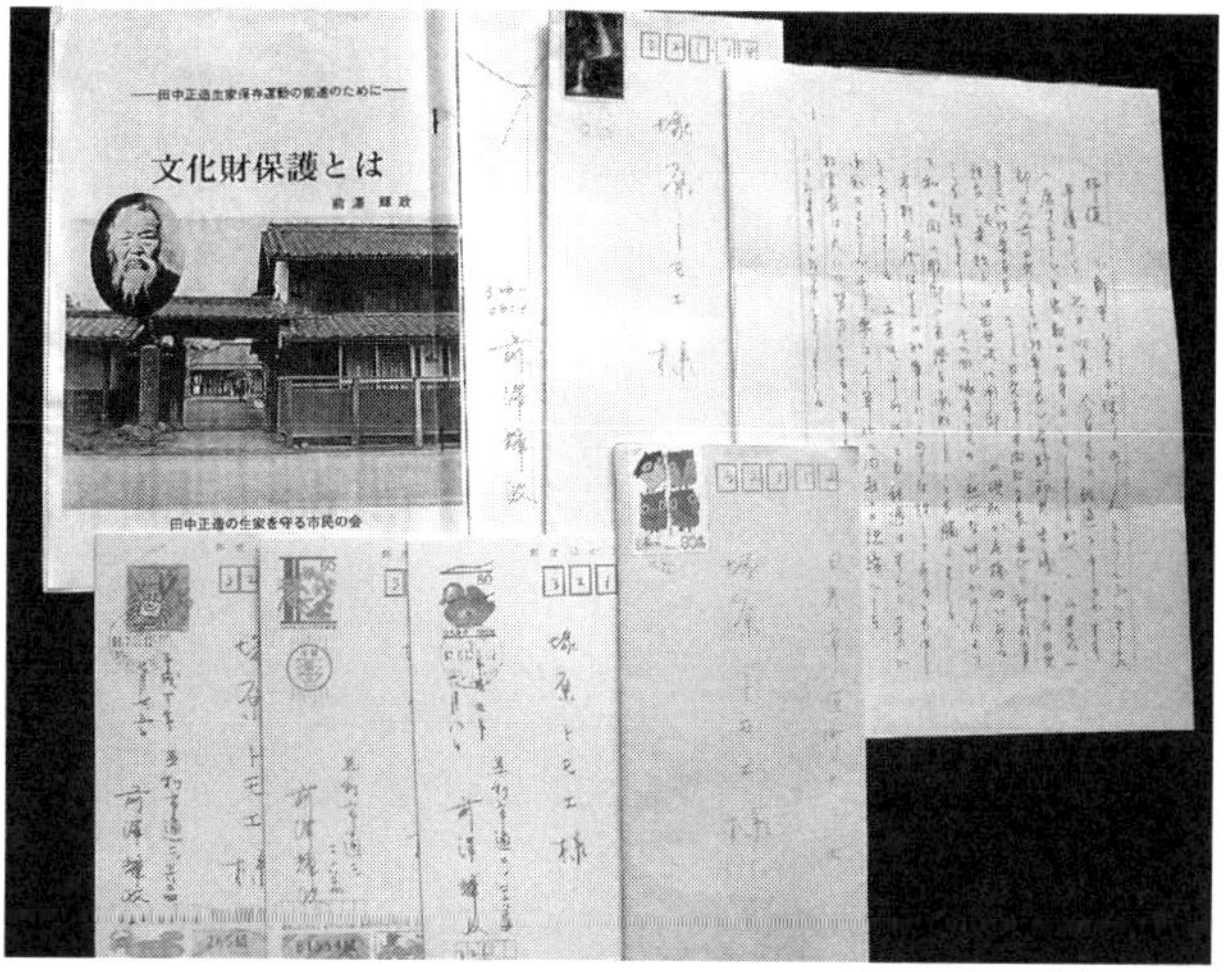

前澤輝政氏からの手紙

前澤氏にはその後も、何かにつけ御教示いただいた。そんなある時、「私は学生の時から五十年近く栃木県の文化財保護に携わってきましたが叙勲はないのです。もっとも、叙勲がないのが勲章かもしれません」と笑いながらおっしゃられたことを今でも忘れられないでいる。

「できるだけのことはやってみます」

それから一週間程後であったかと思う。前述の田中義人氏が来館された。この時に初めて私はこの方にお逢いしたのである。当時の日光儀仗隊員と二〇人程で、懐かしい日光田母沢御用邸に来られたのである。説明に当たった私のつまらない話を田中氏は最後尾で黙って聞いていらした。その時、別の方が「この方は皇太子を、自分の子どもとしてどこまでも守り抜くよう、密命を受けた方なんですよ」とおっしゃった。飛び上がるほど驚いた。そういうことがあったことさえ、その時の私は知らなかった。

この御用邸とも深い関わりを持った方なのだ。緊張が走った。それから、御用邸の現状を話し、廃墟同然になった全館をご案内した。「私の部屋はここでした」と田中氏がおっしゃった近衛将校室は車寄せを入ってすぐ左の部屋で、蜘蛛の巣だらけでガラクタも入っていた。田中氏の目に涙が潤むのをチラッと見た。

時間をかけて、他の人たちの想い出話なども聞き、記念写真を撮った。別れ際、「どうなるかは分かりませんが、できるだけのことはやってみます」と田中氏はおっしゃって帰られた。希望が見えた瞬間であった。

当時の田中氏は七十九歳になられていたが、三菱商事関連会社の顧問をされていて忙

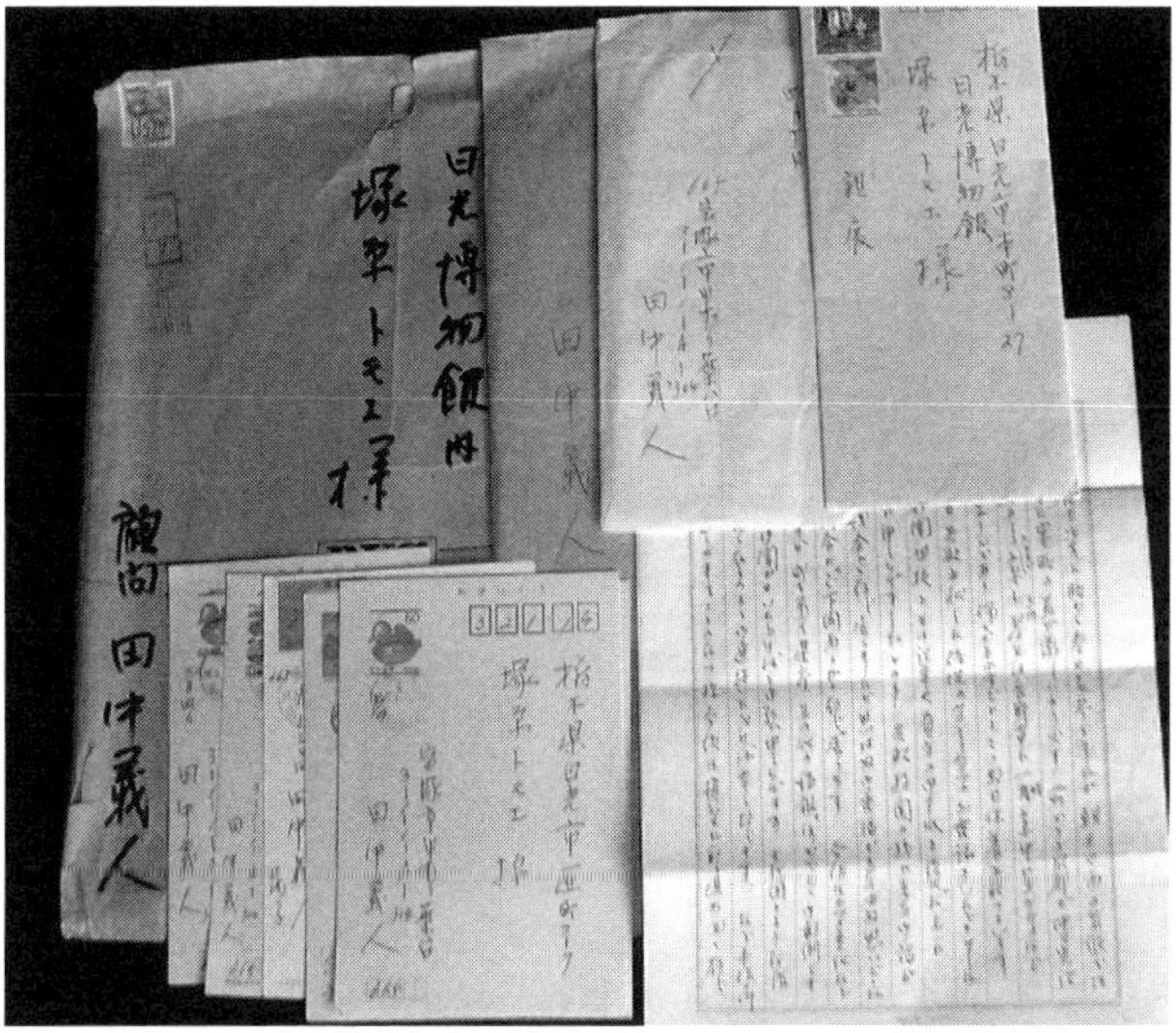

田中義人氏からの手紙

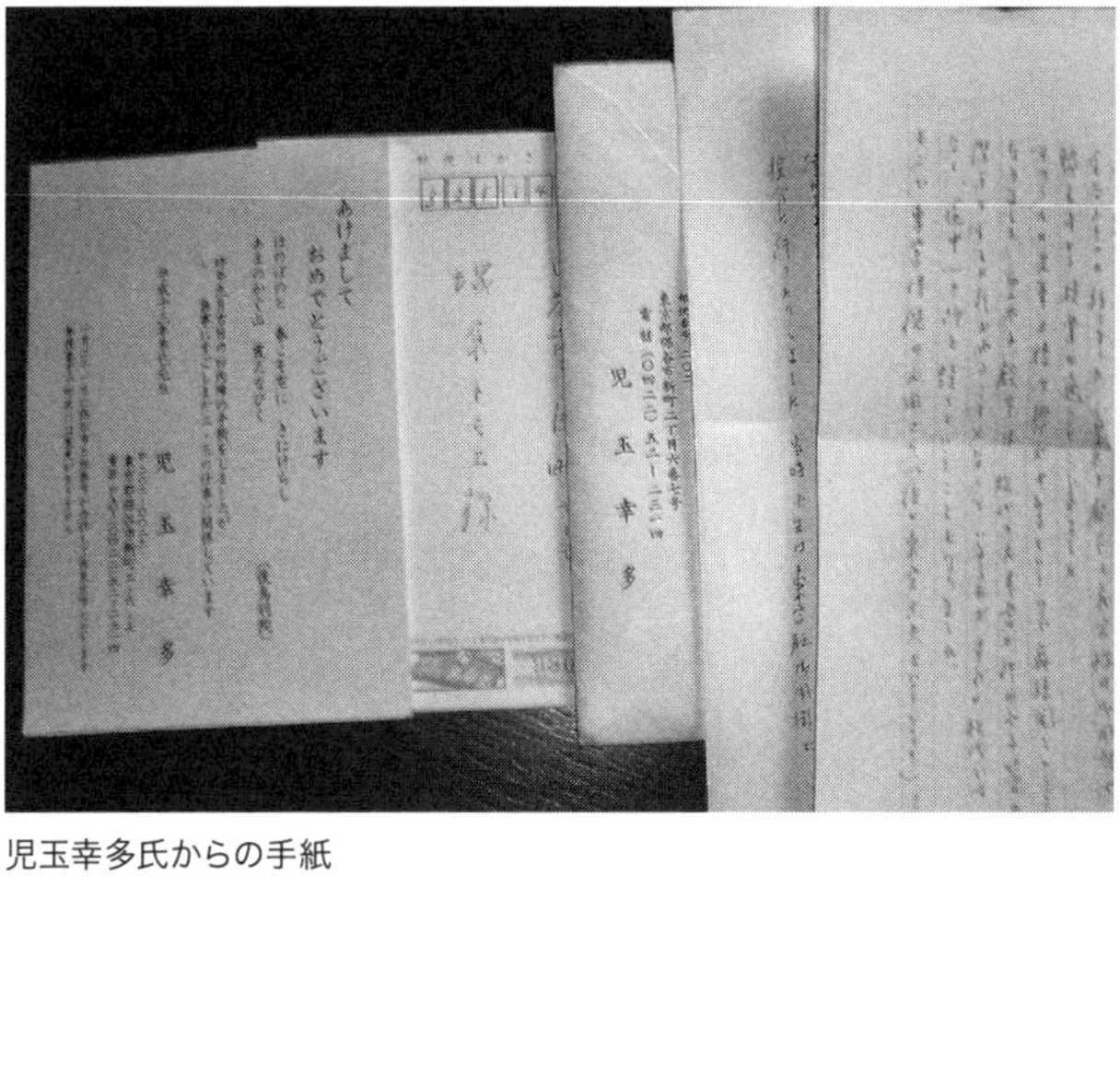

児玉幸多氏からの手紙

しい日常であったらしい。それでも時々お手紙を頂戴した。田中氏は軍人さんであった方とは思えない程、筆まめできれいな字で、日光在任中の出来事を丁寧に教えて下さった。たくさんのお手紙は私の宝物である。

田中氏はその後、児玉幸多氏に会われ協力を依頼された。児玉氏は学習院大学の学長を長くされた方で、この頃は江戸東京博物館の館長をされていた。皇太子の教官として田母沢にも湯元にも同行され、田中氏とともに皇太子を守るべく、学習院の代表として協議を重ねてこられた方である。

田中義人氏と私
(旧日光田母沢御用邸御車寄の前で、平成７年)

児玉氏は文化庁のお役目もされているとのこと（お役目の正式名称は伺っていない）なので、文化庁への働きかけをお願いしてくださった。

児玉先生からの電話では「欠損なく、完全な形で修復がなされれば、重要文化財にはなると思いますからそうなれば安心ですね」とおっしゃられた。

児玉先生からのお手紙や年賀状もたくさん有り、宝物である。

県による田母沢御用邸の取得

平成七年当時、私は田中義人氏や前澤輝政氏だけでなく、幾人かの方にお願いをしていた。

ある時、東京都庭園美術館長鈴木進氏が来館された。以前、ある方に御用邸存続に尽力してくれそうな方を紹介して欲しいとお願いしたところ、ほどなくしてお連れ下さり、数人で来館された。鈴木氏は文化庁文化財調査官そして東京国立博物館文部技官として、国宝・重要文化財の指定・調査・研究に長年携わってこられた方である。

鈴木氏は時間をかけて調査され、「しっかり修復されれば重要文化財ですね」とおっしゃられた。桜の木の下では「この桜の木も文化財でしょう」と目を細められた。随行の方々も共に、凄いものを発見したといった雰囲気で、目を輝かせて帰られたのを忘れられないでいる。

田中義人氏や児玉幸多氏も含めて、こうした幾人かの方々がそれぞれどのような対処をされたのかを私はほとんど知らない。その詳細を知らねばならない立場の人間でもない。「壊されなくてよかった」それだけであった。その真実は今もって分からないままである。

平成八年（一九九六）二月十五日、下野新聞に「田母沢の旧御用邸、県が取得、修復の意向」という見出しで、県による取得が報じられた。その後もたびたび新聞報道はあり、記事には知事は日光へ行くたびにこの御用邸が気になっていたため、知事の肝入りで修復を決断した旨のことが書かれていた。

この桁外れに大きな建物を修復し保存することは尋常なことではない。県の所有になるという最良の形で、このことを決断して下さったことに感謝するばかりであった。

声なき声に包まれていた御用邸

それにしても、正式ではなかったものの、私の夫が同邸を壊すための見積もりを始めて間もなく、齋藤洋一氏、前澤輝政氏、田中義人氏、鈴木進氏が私の前に次々と一人の見学者として、あまりにもタイムリーに現れ、真剣に取り組んで下さったことなど思い返すと、人選は勿論、来る順番までも計算されていたかのような出来事であった。

在職中、閉館時刻が近づくと雨戸を閉める作業がまっている。御学問所から二階に上がろうとすると、だれも居るはずがない御座所のほうから複数の女性の笑い声が聞こえるのである。小雨降る静かな日など度々聞こえる。他の職員も聞こえるらしく「今日も聞こえましたよ」と声を掛け合っていた。

それまで、あまり信仰心などなく、見えない世界のことなど考えることもなかった。しかし、こうした声を聴くようになり、特に平成七年のこの出来事があってからは、人の魂は生き続けるのだと確信に似た思いが支配するようになっている。

この建物が天皇家の御用邸であることも、他とは違ったスピリチュアルなエネルギーが満ちているのかもしれない。不運であられた大正天皇と、懸命に天皇を支えられた貞明皇后が心を癒された御用邸である。両陛下だけでなく、臣下の方々、大勢の女官さん、儀仗隊の兵士たち、天皇を崇敬する人々、そして小林年保邸や紀州藩江戸中屋敷に関わる人達の想いもあるであろう。もしかしたら、建物そのものの霊も宿るのだろうか。いずれにしても、朽ち果てていくことに悲しい思いをされていたであろう。まして壊すなど「決して壊させない」という一念で、大勢の聖霊が結集したのではないかと思えてならない。単なる偶然等とはどうしても思えないのだ。なぜなら、真摯に取り組んで下さった方々が、まさに「天が選んだ人」としか言いようのない方々だったからである。

思い出す人たち

齋藤洋一氏が学芸員を務めていた松戸市戸定歴史館は徳川慶喜の弟昭武の邸宅で、田母沢邸と共通する木造の広大なお屋敷である。こうした古建築の研究者なのである。その専門家の目で、田母沢邸を高く評価し、私の背中をグイグイ押して下さったのがそもその始まりなのである。他県の方にも拘わらず、まるでわが事のように真剣に、その説得力は迫力さえあった。

また、徳川慶喜の研究者としても第一人者である。日光田母沢御用邸の一角には、徳川慶喜を慕って駿府に移住した小林年保邸がある。年保にしても壊されたくなかったであろう。平成十年（一九九八）、NHK大河ドラマ「徳川慶喜」の時代考証を齋藤氏が担当することを知った時、ふと小林年保のことが頭を過ぎった。齋藤氏がかなり以前から徳川慶喜の研究を地道に重ねていたことを年保は天に在って見続けていたのだろうか。

三十年近く前の齋藤氏の著書（共著）『将軍・殿様が撮った幕末明治』を読み返してみた。慶喜のポートレートや慶喜自身が撮った写真が数多く紹介されている。慶喜の気品ある眼・険しい眼・虚空を窺う眼、これらを一枚一枚凝視しながら、心の内を探り、時代を探り、解説している。これを読みながら、慶喜公自身も齋藤氏に感謝の念を抱いているに違いないと思うようになった。

日光田母沢御用邸には紀州徳川家江戸中屋敷の一部も現存する。慶喜公にとっても壊されたくない建物ではあったろう。慶喜公の小林年保に対する信頼は特別なものがあったと聞く。二人の熱い思いに導かれて、齋藤氏はあの日家族連れで何気なく田母沢邸に立ち寄ったのであろう。そう思いついて納得がいった。

令和元年（二〇一九）、齋藤氏と二十六年ぶりに逢った。ＮＨＫ大河ドラマで渋沢栄一を取り上げた「晴天を衝け」の時代考証の担当が決まったとのこと、大河ドラマの時代考証は二度目である。現在は戸定歴史館の名誉館長になられているが、あの時と少しも変わらず（少し白髪が出たかな）達文で雄弁で熱い活躍を続けていられる。

齋藤氏は『将軍・殿様が撮った幕末明治』・『二条城』等々著書も多い。また、講演・執筆等の依頼も多く、多忙な日々だそうである。テレビでも時代考証だけでなく、幕末明治に関する教養番組には解説者としてしばしば登場する。これからもますます活躍されることを感謝を込めて祈るばかりである。

前澤輝政氏にしても「日本の歴史は天皇の歴史ですからね」といつもおっしゃって、古代史の研究を続けられていた。また、栃木県の文化財を護るために、行政に嫌われながらも、心血を注いだ生涯でもあった。叙勲の対象者から外されるなど、権力に従順でなかった制裁も笑って受け止めながら、護るべきもののために邁進した先生であった。さらに「父も祖父も近衛兵でしてね、祖父は明治天皇のお側近くで警護をした話をよくしていました」とおっしゃっていらした。天皇をはじめとするこの館の精霊たちにとって、当然のようにこの方を選ばれたのであろう。

田中義人氏にいたっては、皇統を守るべき重責を担った人物であり、皇太子明仁親王のお姿は生涯脳裏を離れることはなかったであろう。上皇陛下にとっても田中氏自身にとっても忘れ難い日光田母沢御用邸を守るべく奔走し、保存が決定したのを大変喜ばれて、それから間もなく脳梗塞で倒れてしまわれた。まるで最後の役目を全うして、天皇家のために生涯を捧げたかのようであった。心置きなく旅立たれたと信じている。「柔よく剛を制す」そのままの優しげなお声も、言葉の重みも決して忘れることはない。

皇祖皇宗の霊が等しく信頼をよせて、御用邸の危機の真っ直中に、田中義人氏は遣わされたに違いない。

また、学習院の代表として、皇太子を守り抜くべく、田中義人氏と緊迫した時を共有し、乗り越えてこられた児玉幸多氏が、日光田母沢御用邸の危機に再び田中氏と協力し合っていただけたことなども単なる偶然などとは思えないのである。

児玉先生からは、平成十九年（二〇〇七）に九十七歳で逝去される前年まで、年賀状を頂戴していた。児玉幸多氏は高名な歴史学者である。児玉先生から見れば無学に等しい私ごときが、長年年賀状（宛名は自筆で）を頂くこと自体、畏れ多いのである。これは先生にとっての田母沢邸がいかに忘れ難い、思い入れの深い建物であったかということであろう。そう解釈して大切にさせて頂いている。

日光田母沢御用邸を見守った人びと

敗戦という混乱の中で地方行政も右往左往せざるを得なかったであろう。しかし、栃木県の取り組みは素早かった。全国に先駆けて実施した政策は多い。

当時、県には厚生省から転任していた千家啠麿《せんけてつまろ》がいた。千家は、戦後栃木県の復興を図るには観光復興が重要である旨を主張し、特に旧御用邸には思い入れが強かった。この日光にあった三カ所の旧御用邸を中心に、各所にある観光施設を民間に委託する方法を提案したのである。いわゆる第三セクターであるが全国で初めての事例である。その後、これに倣う会社が各地に設立されている。

昭和二十三年（一九四八）六月、第三セクター「日光国立公園観光株式会社」（栃木県・日光市・東武鉄道出資、資本金一千万円）は設立された。同社は御用邸だけではなく、ホテル・

キャンプ場・スキー場・レストハウスなどの管理運営も行った。

その後、県は三つの旧御用邸を購入する決意をし、その予算化の議案を県議会に上程予定であった。しかし昭和二十四年（一九四九）十二月二十六日に今市地震が発生し、甚大な被害が生じた。旧御用邸の購入は諦めざるを得なくなった。

千家は二十九歳から四十四歳までの才気みなぎる時期を栃木県に在って、観光栃木の方向性を牽引してきた。旧御用邸の解放・修学旅行を他県に先駆けて復活・国より早いレンジャーの設置等、千家の時機を得た処置は数え切れない程にある。

なお、千家啠麿は出雲大社宮司千家《せんけ》尊福《たかとみ》の六男である。人脈の広さ、時代を俯瞰できる国際性と学識、そして行動力も併せ持って、「日光の経済は外国人が担う」とも言われた国際的観光地日光の輝きを再び取り戻すことに邁進した（手嶋潤一『観光地日光その整備充実の歴史』）。

また、この時代の知事は政治家でもあり実業家でもあった小平重吉知事である。慧眼と実行力のあるこれらのリーダーたちによって、日光田母沢御用邸が守られる礎は築かれたと言っても過言ではあるまい。

第三セクターである日光国立公園観光株式会社の社長は、東武鉄道の社長であり根津美術館の館長でもあった根津嘉一郎（二代目）が務めた。終戦直後の混乱期を乗り越え、バブル崩壊等もあり、営業不振に陥ることもあったであろうが、大きな組織をバックに乗り越えてきた。また、古い文物に造詣が深い社長だけに、建物を大切にする教育は徹底していたであろう。

しかし、時代の趨勢もあったろう、多角経営の難しさもあったかも知れない。特に、多くの修学旅行生を受け入れた「日光田母沢本館」が昭和六十一年（一九八六）十一月末日に閉鎖したのは痛手であった。

その後は右肩下がりの状態が続き、平成三年（一九九一）中宮祠に「栃木県立日光自然博物館」がオープンすると、御用邸内の「日光博物館」への入館者数は極端に減少した。経営面での行き詰まりに加えて、建物の老朽は益々激しく崩壊寸前にまでなってきた。だが、足を踏ん張るごとく、ぎりぎりまで守り抜いた。

平成八年（一九九六）四月、栃木県の取得によって、日光田母沢御用邸を県へ明け渡し、その後の平成十八年（二〇〇六）、最後の施設「日光田母沢ホテル」閉館と同時に「日光国立公園観光株式会社」はその役目を終えた。

千家氏は平成七年（一九九五）十月二十四日、八十九歳の天寿を全うした。翌年の平成八年四月、日光田母沢御用邸は、所有も管理も栃木県が行うという千家の思いが五十七年ぶりに実現した。その英断を下したのは、日光を愛し、さまざまな事業を展開してきた渡辺文雄知事であった。

人の思いは、意味ある偶然に繋がるのであろうか。

それぞれの時代の優れた指導者と職場に誇りと慈しみを持って働いた大勢の職員、本書で紹介した方々も含めて、熱い思いを傾けた大勢の人びとによって、一棟の床面積としてはわが国最大の木造建築物日光田母沢御用邸は守られたのであろう。

何よりも逆境に遭いながら、懸命に働いた建物そのものが愛おしい。

涙と感動

私にとっては辛いこともあった。

平成八年（一九九六）四月に栃木県の所有となり、県の担当官がやってきた。彼らの私への対応は「礼儀に無礼をもって応える」といった態度であった。窓際に置かれ、無視される日が続いた。同僚はすぐ向こう側に与した。出勤することが苦痛になってきた。

逆境になど強くない私は限界であった。耐えられず、田中義人氏に電話をした。「私、何か悪いことでもしたのでしょうか」泣き声で話す私に、「世の中はそんなものです。でも、あなたはほんの少しでも、お国のために役に立つお手伝いが出来たじゃないですか。そのことに感謝しましょうよ。それから、護って下さる県にたいしても感謝しましょうね」と優しげにおっしゃった。体中の重いものが抜けていくのを感じた。

田中氏はそれから間もなく脳梗塞で倒れられてしまった。その声もその言葉も決して忘れることはない。

今も時折、御用邸内を一人でゆっくり歩く。見事に修復され、建物は誇らしげに建っている。しっかりとした管理もされている。嘗てのことを考えると、別の建物であるかのようである。御車寄を入ってすぐ左に、田中氏が常駐した近衛将校室がある。下足室になっていることが私としては不満だが、田中氏は「かまわないよ」と笑っているであろう。私は謁見室や御陪食所あたりより、御座所や御寝室あたりが好きである。天皇を囲んで皇后と女官が何やら楽しげにしている様子が目に浮かぶのである。

「ありがとう」「ありがとう」と小声で呟きながら歩いていると、田中義人氏や児玉幸多氏も一緒に歩いて下さっている気配がする。香しい風が通り過ぎるとき、おすべらかしの女官さんが「ごきげんよう」と迎えてくれる。ここには確かに雅な精霊が、今もお住まいなのだ。だれも信じてはくれないであろうが。

おわりに

わが家の庭には小さな赤い祠のお稲荷さんがある。朝一番に水・酒・塩・ご飯を持ってお参りをする。雨の日も風の日も、これがわが家の習慣で、嫁の私も姑に倣ってこれを日課にしている。

その時、わが家の庭からは御用邸の大きなモミの木が見えるので、その方を向いて「陛下おはようございます。天皇家が益々栄えますように」そして、お世話になった方々の名前をお呼びして「ありがとうございました」と小声で呟くのが、あれから二十九年経った今も私の日課になっている。まるで呪文のようにこれをやらないと一日が落ち着かないのである。それ程にあの時のことは、老いた記憶の中で鮮明である。他者に話すことはほとんどない。話すと、大切な宝物の輝きが鈍ってしまうような気がするのである。

だが、八十歳を過ぎた頃から、何か迫りくるものを否応なく感じ、覚悟も要求してくる。真剣に取り組んで下さった方々に、お願いをしておきながら、ご恩返しを何もしていないではないか、そんなもの欲しがる方々ではないが、それで死んでは無責任というものだと、彼らの生き方の片鱗でも書き残して置くのが私の役目であり礼儀ではないかと、日々煩悶するようになった。

私は浅学であり、誇れるものなど何もないただの老人である。ご尽力下さった方々への感謝と、想い出ばかりが膨らんで、それを自在に表現する才もなく、思いつくままをただ綴るだけで精一杯であった。読み返す度に自信は遠のき、やはりやめようかとか、私一人の宝物でいいではないか等と、決断を先送りする時が何と長かったことか。だが、天におられる高潔な方々は、苦笑いをしながらも「一生懸命に書きましたね、ありがとう」と優しげにおっしゃって下さるのではないかなどと、勝手に思い込んで筆を置くことにした。

何もかも素人の原稿を丁寧にお読み下さり、的確なご助言を下さった随想舎の下田太郎氏には感謝の念でいっぱいである。多方面にわたっての識見の高さにも助けられ、敬意を表さねばならない。長年心の隅で燻り続けていたものを文字にし、本書を上梓するまで、私の意志を大切にしながら、力をお貸し下さった下田氏に深く感謝申し上げます。また図版掲載にあたっては、関係各機関のご配慮をいただいたことにも深く感謝申し上げます。

最後に、勝手な思い入れが先行しただけの駄文で、恥ずかしい気持ちでの出版であった。手に取って下さった方々に深く感謝申し上げます。

令和五年十二月

塚原 トモエ

資　料

旧日光田母沢御用邸保存に関する請願書

明治三十一年大正天皇の為に建築が始められ、大正九年迄増改築が行われた旧日光田母沢御用邸は我が国でも屈指の規模を誇る近代木造住宅としてその威容を今に伝えている。建築面積は約四千五百平方メートルに及び、一〇六室もの部屋数を誇るこの建物は中世以降の天皇史上最も高い権威を誇った時代の天皇の御用邸にふさわしい規模と気品をたたえている。

天皇の御用邸という建物それ自体の極めて特殊な建築空間と平面配置など他に類例が限定される独自の価値を有するのみならず、近代木造建築物としても一、二を争う広壮な規模を誇るこの御用邸は全国的に見ても極めて高い価値を有するものであると云えよう。

江戸時代の大名屋敷や城郭の大半が明治維新後に消滅し、その後の大規模木造建築といえば皇室に関わるもの、戦前皇室は十一カ所の御用邸を所有していたが、現在皇室でご使用の那須・葉山両御用邸を除く大半は焼失、或いは処分され、現在見学できる塩原、沼津両御用邸にしても、一部移築であったり付属邸であったり本邸がそのまま残されているのは田母沢邸のみである。

これからは、こうした大規模な木造の御殿が造られる事はないであろう。桁外れに大きな御殿であるが故に、様々な困難が予想される。しかし我々に残された貴重な民族の遺産を後世に良好な状態で手渡すのが現在に生きる我々の責務ではないだろうか。
沼津御用邸は本邸を焼失し付属邸のみであることから規模・木材・技術、いずれも田母沢邸に比べて大きく劣る。しかし、昨年※1沼津市が修復し「沼津御用邸記念公園」としてオープンし※2盛況を見せている。

田母沢御用邸も奥向の部分を日光博物館として保存、公開しているが、他の部分（全体の五分の四程度）は風化にまかせた状態で危機的状況である。
多大な出費を伴う事は容易に予想される事ではあるが、御用邸の持つ価値に鑑み、是非とも文化財として保存に着手していただきたい。

田母沢御用邸は既存部分（小林年保邸）、移築部分（旧赤坂離宮）、増築部分とによって構成されているが、移築部分の旧赤坂離宮は明治六年五月皇居炎上に伴い、明治天皇が仮皇居として十六年八カ月もの長期に亘り使用された由緒高い建物である。又、皇室人気の高まっている今、今上陛下※3が長期に亘り滞留された想い出深い疎開地でもあって建築物の価値と共に来館者の多くから全館公開を希《ママ》む声が盛り上がっている事も特筆しておきたい。

観光面においても日光には東照宮がある。将軍と天皇、それぞれの時代を代表する権力者と権威者その時代背景、思想上の違い、これらを建築物から学びとっていただくのに恰好なものであろう。
以前、アメリカの著名な建築家ロバート・ベンチューリ氏が来館され、氏は「東照宮もすばらしいが私はこの建物の方が好きだ。日本の自然は実にやさしげだ、その自然の中に建っているというよりむしろ生えているようだ、心が安らぐ。又、細部を見ると職人さん達の木に対する情念のようなものが伝わってくる」と言われた。権力を誇示するが如く絢爛豪華な東照宮に比べて簡素至上の美、自然との融和、日本古来の木造建築の美しさ、奥深さ、これらを余すところなく謳い上げている田母沢邸、東照宮を語る時、必ず比較対照される桂離宮等と趣を同じくする田母沢邸、この両極にある建物を近距離において見学できる妙を強くアピールすべきであろう。

日光の歴史は鎌倉幕府・徳川幕府そして皇室とそれぞれの時代の支配者と密接な関係を持って繁栄してきた歴史である。各地にテーマパーク等が林立している今、こうした日光の格調高い独自のカラーを打ち出していく為にも田母沢御用邸の復興は大きな意義を持つものであろう。

現在、宣伝活動は皆無に等しい。国道に面しながら建物が見えない。桃山造りの美しい車寄がありながら、そこから入館することはできない。これらの悪条件の中でも昨年十一万程度の入館者があった。さらに充実した形にする事によって、日光にもう一つの一大名所が出現することを確信するものである。

以上、長年御用邸に携わった者の感慨でございます。ご賢察賜りたく請願致します。

平成七年八月

日光博物館職員　塚原　トモエ

【註】

本資料は平成七年八月に筆者が作成した請願書である。本書への掲載にあたっては作成当時のままで掲載したが、明らかに事実と異なる場合については註を施した。

※1　本請願書をしたためた前年（平成七年）のこと。

※2　昭和四十四年（一九六九）に御用邸が廃止、沼津市へ移管された翌年の昭和四十五年（一九七〇）公園となった。

※3　現在の上皇陛下。

参考文献

・安生信夫（二〇一八）『忘れられた明治の日光』随想舎
・飯野達央（二〇一六）『「日光学」聖地日光へ』随想舎
・石川数雄・福田清人・入江相政・木俣修編（一九七一）『貞明皇后』主婦の友社
・石川忠久編著（二〇一四）『大正天皇漢詩集』大修館書店
・上前淳一郎（一九七六）「皇太子を奪取せよ」（『文藝春秋』昭和五十一年八月号・九月号）文藝春秋
・小田部雄次（二〇〇一）『ミカドと女官』恒文社
・加瀬英明（一九八三）『天皇家の戦い』新潮文庫
・工藤美代子（二〇〇七）『母宮貞明皇后とその時代』中央公論新社
・ポール・クローデル（一九八九）『天皇国見聞記』（樋口裕一訳）新人物往来社
・近歩六会編（一九九五）『栄光の近衛兵』私家版
・高杉善治（二〇〇六）『天皇明仁の昭和史』ワック
・高橋　紘（一九八七）『象徴天皇』岩波新書
・角田文衛（一九七三）『日本の後宮』学燈社
・手嶋潤一（二〇一六）『観光地日光 その整備充実の歴史』随想舎

・F・R・ディキンソン（二〇〇九）『大正天皇』ミネルヴァ書房
・原　武史（二〇〇〇）『大正天皇』朝日選書
・半藤一利（二〇〇六）『日本のいちばん長い日』文春文庫
・福田和美（一九九九）「日光奉行所同心小林年保の明治維新」（『大日光』69号）日光東照宮
・福田和美（一九九六）『日光避暑地物語』平凡社
・前澤輝政（二〇〇〇）『栃木の文化財』随想舎
・安川町創設百周年記念事業実行委員会編（一九九八）『安川町百年史』私家版
・山川三千子（二〇一六）『女官』講談社学術文庫
・「生きて殿下をお守りせよの特命を受けて」（『皇室アルバム3号』一九九一年所収）学習研究社

※本文38ページ掲載の写真は、著作権継承者が不明なため掲載許諾が得られませんでした。本ページ掲載写真の著作権継承者についてご存じの方は、お手数ですが小社編集部までご一報下さい。

［著　者］ 塚《つか》原《はら》 トモエ

昭和14年、宇都宮市生まれ

昭和40年に結婚後、昭和55年、
日光国立公園観光株式会社（日光博物館）に入社

平成10年に退所後、平成11年、
日光インタープリター倶楽部（観光協会）に入部、
史跡解説を行う

令和3年、同倶楽部を退部

日光田母沢御用邸を見守った人びと

2024年2月20日発行

［著　者］ 塚原 トモエ

［発　行］ 有限会社 随想舎
〒320-0033 栃木県宇都宮市本町10-3 TSビル
TEL 028-616-6605　FAX 028-616-6607
振替　00360-0-36984
URL　https://www.zuisousha.co.jp
E-Mail　info@zuisousha.co.jp

［装丁・組版］ 塚原　英雄

［印　刷］ モリモト印刷株式会社